Álvaro Retana

Las «locas» de postín
Los ambiguos
Lolita buscadora de emociones
El tonto

Edición
Maite Zubiaurre,
Audrey Harris y Wendy Kurtz

- STOCKCERO -

Foreword, bibliography & notes © Maite Zubiaurre, Audrey Harris & Wendy Kurtz
of this edition © Stockcero 2013
1st. Stockcero edition: 2013

ISBN: 978-1-934768-61-7

Library of Congress Control Number: 2013930894

All rights reserved.
This book may not be reproduced, stored in a retrieval system, or transmitted, in whole or in part, in any form or by any means, electronic, mechanical, photocopying, recording, or otherwise, without written permission of Stockcero, Inc.

Set in Linotype Granjon font family typeface
Printed in the United States of America on acid-free paper.

Published by Stockcero, Inc.
3785 N.W. 82nd Avenue
Doral, FL 33166
USA
stockcero@stockcero.com

www.stockcero.com

Álvaro Retana

Las «locas» de postín
Los ambiguos
Lolita buscadora de emociones
El tonto

Índice

Introducción IX
«El novelista más guapo del mundo»: Álvaro Retana y la sicalipsis
Bibliografía XXXIII

Las «locas» de postín

A Manera de Prólogo... 1
I – ¿Amigas o amigos? 3
II – ¡Ay, Jesús, cómo está el patio! 9
III – Los malditos hombres 13
IV – El tesoro de los Nibelungos 17
V – Coloquio versallesco 21
VI – Pláticas de familia 25
VII – Dios los cría y ellos se juntan 29
VIII – Los rebaños de Sodoma 33
IX – El apio maravilloso 39
X – Un drama «modern style» 43

Los Ambiguos

A Manera de Prólogo 51
Primera Parte 59
Segunda Parte 69
Tercera Parte 73

Lolita buscadora de emociones

A Modo de Prólogo 83
I 91
II 97
III 101
IV 107
V 111

El tonto

A Manera de Prólogo 117
I 123
II 127
III 131
IV 133
V 137
VI 143

Introducción

«El novelista más guapo del mundo»:
Álvaro Retana y la sicalipsis

Maite Zubiaurre, UCLA

El propósito de esta introducción y de este volumen que recoge cuatro novelas cortas de Álvaro Retana (*Las «locas» de postín* -1919; *Los ambiguos* -1922; *Lolita buscadora de emociones* -1923; *El tonto* -1925) es contribuir al rescate de una cultura popular, erótica, irreverente, bulliciosa e imaginativa, que la historia ha querido ningunear y a la que, salvo honrosas excepciones (Aresti, Bru Ripoll, Cerezo, Cleminson, Cruz Casado, de Miguel, de Villena, Domingo, Fernández, Guereña, Litvak, López Ruiz, Pérez Sanz, Rioyo, Rivalan Guégo, Salaün, Sánchez-Álvarez Insúa, Sinclair, Sosa-Velasco, Vázquez García, Vega, Zamostny, Zubiaurre), los eruditos de la literatura, con esa fijación que sobre ellos ejerce la «alta» cultura, apenas han prestado atención. Cuando lo cierto es que, sin esa cultura de masas, riquísima y revolucionaria en sus manifestaciones y de la cual la obra narrativa de Retana es muestra elocuente, la así llamada Edad de Plata (1900-1939) y su alta cultura se quedan truncas. En busca, pues, de la «otra Edad de Plata» en su faceta galante y modernamente frívola comenzamos este estudio crítico con una breve biografía del autor, para pasar en seguida a esos aspectos y temas de la obra literaria de Retana que la hacen rupturista y distinta.

La vida de Álvaro Retana es en muchos aspectos tan extravagante y novelesca como su producción literaria. Hijo de don Wenceslao Emilio Retana y Gamboa, Inspector General de Policía de Barcelona, y de doña Adela Ramírez de Arellano y Fortuny, española nativa de Filipinas, «Alvarito» (como lo llamaba cariñosamente la bohemia madrileña) nació el 26 de Agosto de 1890 «a bordo de un barco en el que viajaban sus padres, exactamente frente a Colombo, capital de Sri Lanka, en aquel entonces Ceylán, isla donde muchos suponen estuvo enclavado el Paraíso Terrenal.» (Bru Ripoll & Pérez Sanz, *Álvaro Retana...* 5). El propio Retana, en la «Autobiografía» que incluye en su *Historia del Arte Frívolo* (1964), narra el episodio de su nacimiento en clave de humor:

> Había nacido en alta mar, durante un viaje de mis padres a Filipinas, frente a Colombo, capital del Ceylán, esa isla maravillosa donde dicen que estuvo el paraíso de Adán y Eva, prendida de Asia como un corazón rojo y verde, colores que parece ser marcaron mi destino. Al desembarcar [en Filipinas] fui bautizado por el obispo de Batangas, lindo pueblecito de indios fieros y sensuales, cercano a Manila, donde residían mis abuelos, indicando como fecha de mi nacimiento el 26 de agosto de 1890, bajo la influencia que nunca pude explicarme de Virgo, signo del Zodíaco con el cual me declaro incompatible. (Citado en Villena, *El ángel de la frivolidad*... 23).

Retana llegó a los seis meses a Madrid, ciudad que se convertiría en el escenario permanente de sus múltiples talentos y de sus muchas correrías. Desde el comienzo, mantuvo una relación conflictiva con su padre, de quien sólo apreciaba su bien provista biblioteca. Como cuenta el propio escritor,

> de ella abrevó espiritualmente Alvarito, primogénito de don Wenceslao, a quien dio más disgustos que los pistoleros barceloneses, por su carácter rebelde, dinámico, desvergonzado, doblemente peligroso por la precoz inteligencia. [...] El niño era un bicho, que hacía frente a su padre sin arredrarle el cargo policiaco, ni su condición de progenitor. Inquieto, desorbitado por lecturas encontradas y mal digeridas, tocado de manías pictóricas, literarias y musicales, pero negándose tercamente a estudiar. A los catorce años componía melodías arrancadas al piano tocando con un dedo, pintaba sin haber recibido lecciones de dibujo y escribía comedias, cuentos y versos (citado en Bru Ripoll & Pérez Sanz, *Álvaro Retana*... 6).

Y a los dieciocho años, Alvarito se quedó solo en Madrid, afortunado y libérrimo: su padre, que había sido nombrado Inspector General de Policía en Barcelona, se trasladó a la ciudad condal con su mujer y el resto de sus hijos. Desembarazado, pues, de la severa tutela paterna, Retana redobló sus actividades artísticas y literarias. En 1911 publica en el periódico *El Heraldo* de Madrid un artículo picantón y galante que firma con el pseudónimo femenino de Claudine Reigner, y a ese artículo le siguen otros, supuestamente escritos por la misma Claudine, muchacha francesa residente en España que hace ostentación abierta de sus costumbres libertinas. Pronto, sin embargo, sale a la luz la verdadera autoría de las confesiones galantes, y la polémica y el escándalo se acrecientan, para gran beneficio de Alvarito, quien de la noche a la mañana se vuelve famoso, y quien despunta, no sólo como articulista, sino sobre todo como incansable compositor y letrista de cuplés (es el autor de cuplés tan famosos como «Ven y ven,» «La Tirana del trípili» y «Batallón de modistillas»), dinámico figurinista y escenógrafo, escritor de novelas galantes, e ilustrador talentudo de sus propias obras narrativas. Álvaro Retana, en un anuncio en forma de cartel incluido antes del prólogo a su novela *Carnaval* (1924), se dice «singular artista, tan admirado en su triple personalidad de literato, dibujante y compositor» (citado en Villena, *El ángel de la frivolidad...* 7). Y en una entrevista, en la que se le pide que «se juzgue a sí mismo como artista,» responde como sigue: «Soy un hombre del Renacimiento. Cultivo la literatura, la pintura, la música y la escenografía. Estoy adornado con los pecados que la gente me supone y con otros que ni siquiera se los pueden imaginar» (citado en Bru Ripoll & Pérez Sanz, *Álvaro Retana...* 24). Por fin, en el prólogo a *Lolita buscadora de emociones*, después de llamarse a sí mismo «chico guapo, generoso y amoral» (85) Retana confiesa que le «enferma estar ocioso. Vivo entregado a la fiebre de producir: Novelas, crónicas, figurines, melodías. Todo lo que sea ameno y frívolo» (86).

En el mismo cartel propagandístico mencionado arriba, el extravagante artista renacentista y pecador se proclama, por boca de una hoy desconocida escritora, presuntamente llamada Missia Darrys, «el novelista más guapo del mundo.» Provisto, en efecto, de esa belleza «muy de época,» con ese «pelo engominado y lacio, en casquete, los ojos subrayados, las cejas perfiladas, los labios finos» (Villena, *El ángel de la frivolidad...* 8), Retana se lanza a la conquista, indiscriminada y retadoramente bisexual, de hermosas cupletistas y de efebos encantadoramente ambiguos. Se sabe que mantuvo relaciones duraderas (que él daba en llamar «matrimonios experimentales») con tres estrellas del cuplé, Luisa de Lerma, Lina Valery y Nena Rubens, lo cual como digo no es óbice para que buscara siempre la compañía adicional de jovencísimos admiradores masculinos.

Sin duda –y aunque, entre bromas y veras, invariablemente lo niegue en los prólogos– las experiencias vitales y sexuales de Alvarito, nada convencionales y muy dadas a «épater le bourgeois», fueron la principal inspiración de sus novelas eróticas y galantes. Entre ellas, destacamos los siguientes títulos, todos igualmente sugestivos y escandalosos para esos años veinte en que fueron publicados: *El capricho de la marquesa* (1917); *Los extravíos de Tony: Confesiones amorales de un colegial ingenuo* (1919); *Una niña «demasiado moderna» (Delirantes extravíos de una ingenua libertina)* (1919); *El fuego de Lesbos (Indiscretas revelaciones de una celebridad galante)* (1919); *Currito el ansioso: Accidentada historia de un gomoso pervertido* (1920); *La señorita Perversidad: Novela Alegre* (1921); y, por fin, *Los tres pecados de Celia: Confidencias amorales de una famosa actriz* (192?).

Como relata el propio Álvaro Retana en su prólogo a *Los ambiguos*, la publicación de una de esas novelas subidas de tono encendió la ira de su progenitor: «[El lanzamiento de] *El capricho de la marquesa* [...] enfureció a mi horrible padre hasta el punto en que aprovechándose de que entonces era Inspector General de Policía en Barcelona, denunció mi obra por inmoral y la hizo retirar de librerías y quioscos» (52). El aparato censor de la dictadura de Primo de Rivera imitó el comportamiento del padre severísimo: terminó por incautar otra de las novelas eróticas de Retana, *El tonto* (1925), incluida en este volumen, y llegó incluso a imponerle una pena carcelaria. Retana pasó un mes en prisión. A su salida, escribió un curioso librito titulado *La ola verde: Crítica frívola* (1931) en el que hace de los escritores galantes de la época semblanza burlona y sagaz. Los nombra y describe a todos (a los Insúa, los Belda, los Zamacois, los Hernández Catá, los Hoyos y Vinent, etc), a algunos con considerable veneno, y con razón al parecer justificada: Retana fue el único, entre los escritores galantes, que sufrió encarcelamiento, y ninguno de sus compañeros escritores, según se dice, hizo nada por defenderlo.

Esta no sería la única estancia en prisión de Retana. Bajo la dictadura de Franco, Retana fue condenado a pena de muerte, la cual más adelante se conmutó por una pena de encarcelamiento. Retana ingresó en prisión en 1939, y fue puesto en libertad condicional en 1944. La sentencia del juicio sumarísimo contra «el procesado Álvaro Retana y Ramírez de Arellano, 48 años, natural de Batangas (Filipinas), vecino de Madrid, soltero» reza como sigue:

> Probado y así se declara por el Consejo que el procesado, antiguo escritor pornográfico, durante el dominio rojo se aprovechó de su amistad con los dirigentes marxistas para apoderarse de objetos sagrados con los que decoró su estudio mezclándolos con propósito de escarnio con pinturas y retratos inmorales; que en una carta dirigida al Jefe del S.I.M pide a éste textualmente «una custodia grande para incrustarle por un lado un reloj y por el otro el retrato de [la famosa cupletista] Chelito; un cáliz para poner tres cosas con los colores de la bandera republicana y una imagen del Niño Jesús para vestirlo de miliciano con un fusil al hombro». (Citado en Bru Ripoll & Pérez Sanz, *Álvaro Retana*... 20-21)

La siniestra dictadura nunca perdonará a Retana su pasado de «rojo» y de «autor pornográfico», ni mucho menos comprenderá o condonará esa afición por aparejar lo sacro con lo obsceno, una tradición, por cierto, perfectamente española, en la que despuntan, entre otros y en diferentes periodos de la historia, Francisco de Quevedo y Pedro Almodóvar. Y, aunque Retana siguió escribiendo e hizo todo lo posible por abrirse camino en medios artísticos, literarios y teatrales, le fue imposible alcanzar la brillantez y la fama anteriores a la Guerra Civil. La censura lo tenía atado de pies y manos, pero aún así se las arregló para sacar adelante algunas obras notables y de gran belleza, como su *Historia del Arte Frívolo* mencionada arriba, ricamente ilustrada con 500 fotografías de la colección personal del autor, y que, como reza la sobrecubierta, es «un verdadero y valioso archivo gráfico y literario enriquecido con rico y jugoso anecdotario de intimidades galantes, sobre las distintas épocas y profesionales de la escena, que destacaron por su atractivo artístico o personal.»

Álvaro Retana falleció el 11 de febrero de 1970. Su muerte, como su vida, está rodeada de un halo de leyenda. Sus familiares y allegados sostuvieron siempre que murió de muerte natural. Sin embargo, corre otra versión más pertinaz, según la cual Retana, siempre vividor, siempre transgresor, tuvo un final mucho menos convencional y mucho más sórdido. «Varias personas ya fallecidas,» refiere Luis Antonio de Villena,

> a quienes yo veía en el Madrid nocturno de los finales años setenta me contaron, cuando yo empezaba a interesarme por a figura de Retana, que el antiguo novelista había muerto de modo trágico. No especificaban mucho. Mantenían un cierto velo. Eran cosas que se decían o que habían oído...Según ese rumor, Retana habría aparecido asesinado (apuñalado) en su piso de Madrid. Se debía de tratar de un crimen pasional o, para ser más precisos, un crimen de amor y dinero. Un chapero (un chulo se decía aún por entonces) le habría matado, acaso sin predeterminación, por un asunto de dinero y sexo. (*El ángel de la frivolidad*...99-100)

Sea como fuere, antes de morir Retana dejó redactado un testamento que es prueba adicional de su humor e ingenio mordaces y en el que da cuenta de todas las injusticias y crueldades a las que le sometió el odiado régimen franquista. El testamento concluye como sigue:

> [hago] constar que muero sin perdonar a cuantos elementos del régimen de FRANCISCO FRANCO BAHAMONDE, se han complacido en perseguirme, difamarme y desdeñarme, con ese implacable rencor que distingue a tantos titulados católicos, apostólicos romanos, compostelanos y hasta del puente de Vallecas, partidarios de restaurar la siniestra España de Felipe II.
> Si es verdad que existe el infierno, como allí nos encontraremos todos, procuraré hacerles imposible la vida eterna, con la colaboración especial de Satanás que, seguramente, será conmigo menos infame y rencoroso que ellos, a quienes me gustará ver cómo les queman los cuernos.
> No terminaré este testamento, sin proclamar que fallezco sin acusarme de otros pecados que los exclusivamente de alcoba; perpetrados siempre sin perjuicio de tercero y de acuerdo con la parte beligerante, que invariablemente solicitaba una repetición. (Citado en Bru Ripoll & Pérez Sanz, *Álvaro Retana*... 28)

Muchos han sido los escritores e intelectuales que se pronunciaron sobre la figura de Álvaro Retana y su obra, entre ellos, y aunque cause sorpresa, un Jorge Luis Borges todavía muy joven, para quien Retana «completa, con Petronio, Boccaccio y Pittigrilli los cuatro pies para el gran banco de la literatura galante» (citado en Villena, *El ángel de la frivolidad...* 73). Sin embargo, las palabras más elogiosas y más conocidas, probablemente sean las de Julio Cejador y Frauca, quien en el tomo XIII de su *Historia de la lengua y literatura castellana* (1915-1922) dice de él que «como escritor es culto, elegante en estilo y sabe decir con hermosas metáforas obscenas [...] Maneja la pluma con gallardía y rica imaginación [...] Es Retana el escritor más travieso, libertino y descocado [...] y el más elegante, ameno y delicado en la forma; es el Petronio español de nuestro tiempo» (180). César González Ruano es igualmente generoso con su dictamen: «[Retana] es un delicioso escritor, ameno, sutil, pródigo en belleza de imagen y originalidad. Sus novelas son, después de los libros de Aretino y los clásicos eróticos, las dignas sucesoras de la Grecia picaresca y la elegancia intencional» (citado en Bru Ripoll & Pérez Sanz, *Álvaro Retana...* 187).

Por otra parte, tanto González Ruano como el famoso eugenista Luis Huerta sostienen enfáticamente que el vicio no reside en Retana o en su obra, sino en los tiempos que le toca retratar. Para Huerta, Retana

> es a modo de fotógrafo artista que retrata en sus libros con toda suerte de detalles el estado de conciencia moral contemporáneo. Retana, en el mundo del Arte, retrata con mano maestro la moral al uso, de igual modo que otros literatos obtienen positivos fieles del mundo político o del mundo del trabajo. [...] Ese descubrimiento audaz que hace Retana de las perversiones sexuales: esa pintura viva del amor desviado que lanza a los cuatro vientos, es una semilla fecunda de revolución sexual. Las obras de Retana son obras morales (de mores, costumbres). (Citado en Bru Ripoll & Pérez Sanz, *Álvaro Retana...* 189-190)

Las palabras de Huerta resuenan en las siguientes de González Ruano:

> Alguien ha dicho que Álvaro Retana es un escritor pornográfico, inmoral. No, la pornografía, la inmoralidad está en el ambiente, en el momento como un morbo etnográfico y social. Ahora bien, Retana es un escritor costumbrista antes que nada, y sus libros son el acusador espejo de azogue didáctico, en los que la sociedad se contempla fielmente retratada [...] En todos los momentos sociales de decadencia y de frivolidad hay un mártir inconsciente que recoge el pecado y lo retrata maestramente. Retana es mártir de su época como Zola lo fue de la suya. (Citado en Bru Ripoll & Pérez Sanz, *Álvaro Retana...* 187)

Ramón Gómez de la Serna es menos clemente (también mucho más gracioso) que González Ruano y que Huerta. Para él, Retana tiene toda la culpa, y no es mártir, sino orgulloso adalid del vicio y eficaz corruptor de virtudes: «Lo principal del arte de Retana, lo que me atrae, es que su arte falta y ataca la Virtud. Eso ya es bastante. Hay que deshacer la Virtud, calumniarla, ruborizarla, tentarla, corromperla. Sólo después de que la Virtud esté violada, perdida esa maldad de solterona que tiene, se convertirá en la verdadera Virtud» (Álvaro Retana, *La ola verde*... 281).

Por fin, en el número extraordinario que la revista *El Cine* dedica en 1924 a Retana, dice de él Tomás Borrás: «Álvaro Retana es el espíritu que aparece en una ciudad en cuanto ésta tiene un millón de habitantes. La ciudad de un millón de habitantes produce la frivolidad que es como la espuma de su movimiento» (citado en Bru Ripoll & Pérez Sanz, *Álvaro Retana*... 186).

Ese «espíritu de la frivolidad» tan magistralmente encarnado por Retana, esa espuma generada por el frenético vaivén de las grandes ciudades, se desvanece, sin embargo, con la misma rapidez con la que se diluye la espuma del mar. La historia, sobre todo la sombría y siempre tan solemne historia de España, no recoge en sus severos anales más que a aquellos escritores «sólidos,» ocupados de temas presuntamente sustanciales. Fuera quedan, de la cultura canónica, los escritores «espumosos» y rientes, aquellas almas pícaras deliciosamente enfermas de «sensualismo cerebral,» aquejadas de «un infantilismo muy pronunciado,» y que «hasta cuando trabajan, juegan». Así define el estrambótico profesor I. Weisstout (o profesor «sabelotodo,» según su chistoso pseudónimo germano-francés) en un detallado estudio grafológico incluido en el prólogo a la novela de Retana *Mi novia y mi novio* (1923), el carácter y las maneras de nuestro escritor. En realidad, estos rasgos no lo son sólo de una personalidad sino de todo un fenómeno cultural y literario conocido durante el primer tercio del siglo XX como «Sicalipsis.»

Según el *Diccionario del Uso del Español* de María Moliner, el adjetivo «sicalíptico» viene a ser un cultismo burlesco y mostrenco (posiblemente nacido entre los vapores etílicos de una tertulia literaria madrileña) derivado del substantivo griego *sykon* (higo, en este caso, referencia eufemística al órgano genital femenino) y del verbo *aleiptikos* (frotar o estimular). El adjetivo «sicalíptico» apareció por primera vez en 1902 en un anuncio incluido en el periódico *El liberal*, en el cual se hacía propaganda de la publicación *Las mujeres galantes*. Poco después, en 1904, apareció en Barcelona una revista erótica llamada precisamente *Sicalíptico*. A partir de ahí, tanto la versión adjetiva (sicalíptico) como la substantiva (sicalipsis) se vuelven moneda de uso común, y se emplean como sinónimo de erótico, obsceno y hasta pornográfico.

Lo que interesa resaltar aquí es que lo sicalíptico o la sicalipsis, en su sentido lato, adquirió en España visos de una verdadera revolución cultural. En primer lugar, la sicalipsis insufló nueva y picante savia al mercado editorial: los llamados escritores sicalípticos (entre los que son de mención obligada Alberto Insúa, Joaquín Belda, José María Carretero, que firmaba como «El Caballero Audaz,» Artemio Precioso, Antonio de Hoyos y Vinent, el propio Álvaro Retana, y el padre literario de todos ellos, Felipe Trigo), en connivencia con editores sagaces y de gran visión comercial, cultivaron con entusiasmo el género de la novela corta, que durante la Edad de Plata gozó de un apogeo tan sólido como sorprendente. En el terreno de la sicalipsis, Blas Vega, por ejemplo, identifica nada menos que 122 colecciones de novela corta (algunas, con varios centenares de títulos), y hay otros estudiosos, entre ellos Alberto Sánchez Alvarez-Insúa, que sostienen que fueron muchas más. En todo caso, editores y escritores extrajeron de la conjunción de erotismo y novela corta pingües beneficios, hecho comprobado que produjo, entre los «Unamunos» (que es cómo Retana llamaba irónicamente a los encopetados escritores de la Generación del 98 y aledaños), notable indignación. Tras los argumentos moralistas (recogidos por Luis Fernández Cifuentes) de Unamuno, Azorín y Ortega esgrimidos contra la sicalipsis probablemente haya algo (o mucho) de envidia: Felipe Trigo, sin ir más lejos, ingresaba 60.000 pesetas al año, gracias a sus novelas. Compárese esto con los ingresos de Pío Baroja, que nunca superaban las 3.000 pesetas anuales. Otro gallo le canta a Retana. Como revela, con verdad teñida de cinismo, González Ruano, a Retana «jamás le ha interesado la Gloria y sí el Dinero, postura que si no es bella, es práctica y le permite vivir espléndidamente. [...] Ha conseguido uno de los nombres más cotizables de la literatura actual. Sus novelas se agotan mejor que el pan bendito precisamente porque en vez de comunión tienen la excomunión» (citado en Bru Ripoll & Pérez Sanz, *Álvaro Retana...* 187).

Más allá del chisme fácil, estos datos son profundamente reveladores. Demuestran en primer lugar que los españoles, y en contra de lo que frecuentemente se proclama, eran por aquel entonces ávidos lectores y devoradores incansables de novelas, sobre todo de novelas cortas, y ello incluye por igual a hombres y mujeres. Las novelas cortas, y las eróticas no eran una excepción, se vendían en los kioscos, y formaban parte del espectáculo urbano. La cultura popular estaba en la calle, y de la calle y sus tesoros sicalípticos (que no sólo incluían novelas, sino también postales eróticas, revistas galantes y manuales de sexología) extraían los ciudadanos sabrosas lecciones de pedagogía sexual. Esto es muy importante resaltarlo. Al revés que la «alta» cultura, la cultura popular de la Edad de Plata era radicalmente desinhibida y descaradamente sensualista: sus páginas, sus artefactos, y su iconografía atesoran todas las delicias carnales imaginables.

La diferencia entre una cultura casta y elitista y otra lúbrica y popular es que en la primera no caben muchos de los personajes que la segunda acoge con calurosa hospitalidad. Por los textos y la imaginería sicalípticos desfilan ejércitos enteros de mecanógrafas sensuales, Lolitas precoces, meretrices de alto copete, matronas insinuantes y cínicas, institutrices viciosas (e invariablemente extranjeras), colegialas pervertidas, jovencitos ambiguos, mantenidas y mantenidos. El género galante crea y consolida sus estereotipos: «la joven ingenua, el viejo verde, el hombre super sexuado, el afeminado, la ninfomaníaca, la mujer que engaña al marido, la apasionada que goza del sexo, la matrona que conquista jóvenes ingenuos, la lesbiana» (Litvak 63) se repiten *ad nauseam* en los textos e ilustraciones de la sicalipsis.

Hay, en la novela erótica, un constante hálito de optimismo, soplan siempre vientos cosmopolitas, y se cuela, por las ventanas de la vieja y atrasada España, un aire refrescante de renovación y de modernidad. Lo que en la novela sicalíptica es el pan de cada día, muy rara vez ocurre con la literatura canónica, tan afecta a lo arcaico, tan escéptica ante lo moderno y lo foráneo (el «que inventen ellos» unamuniano), tan obsesionada con la identidad de España, y convencida de que ésta tiene una fuerte raigambre rural y castellana, en detrimento de todo internacionalismo urbano.

Como resultado, y desde una perspectiva feminista, es de suponer que a las lectoras de la Edad de Plata, las novelas de los «Unamunos» se les caerían, invariablemente de las manos. ¿Cómo identificarse, por ejemplo, con una «tía Tula,» provinciana, solterona y madre fervorosa de sus sobrinos, ese personaje unamuniano que no es otra cosa que una alegoría delirante de la maternidad insatisfecha, como si la maternidad siguiera siendo el único ideal, incluso para la mujer moderna? Cuánto más interesante, para esa mujer moderna, leer una novela sicalíptica, donde ella, al menos, se reconoce (o se quisiera reconocer) en los personajes femeninos, cosmopolitas y liberados. En la narrativa, rupturista y refrescante, de los escritores sicalípticos, las mujeres muchas veces trabajan, tienen estudios, hablan idiomas, conducen, hacen deporte, se bañan en el mar, viajan al extranjero y son, con frecuencia, fervientes lectoras (de novelas picantes). En todo caso, pisan la calle, en vez de permanecer encerradas entre cuatro paredes (como ocurre, las más de las veces, con las heroínas de las novelas de Unamuno, Azorín y Baroja), y, algo verdaderamente inusitado en las letras españolas, tienen sexualidad, la exploran, y la disfrutan sin un ápice de remordimiento.

Esto, que es cierto en el caso de los personajes femeninos, lo es igualmente en el de los personajes que, en la narrativa sicalíptica, hacen gala explícita de sus tendencias homosexuales. Al revés que la alta literatura, en la que la heterosexualidad más radical y más «recta» campa por sus respetos y se hace institución, la literatura popular de inspiración galante siente especial predilección por las sexualidades difusas y los gustos eróticos «torcidos». El éxito de la sicalipsis radica en el cultivo entusiasta y deshinibido de la ambigüedad sexual, en todas sus modalidades: homosexuales y lesbianas, transexuales y transformistas, guayabos y tobilleras.

Como demuestra con refrescante elocuencia la novela corta *Las «locas» de postín* incluida en este volumen, en la España del primer tercio de siglo los gays no sólo se manifestaban, descarados, en las calles de las grandes ciudades, sino que se subían, impúdicos y lenguaraces, a los escenarios de los teatros. Nace así la figura del transformista, personaje farandulero que domina el arte de disfrazarse con mágica destreza y rapidez delante del público. El talento está en adquirir, durante una sesión, múltiples y divergentes personalidades. Y la gracia radica en que esas personalidades son, casi sin excepción, las de cupletistas famosas. Por eso a los transformistas (siempre hombres), se los conoce también como «imitadores de estrellas». Egmont de Bries, transformista famoso de la época, es la inspiración para el imitador de estrellas que actúa y levanta polémica en *Las «locas» de postín*. Además, como nota curiosa y prueba de cómo, en la sicalipsis, constantemente se mezclan ficción y realidad, nos recuerda Villena que «alguno de los cuplés escritos por Retana los cantaba el primer travestido oficial que hubo en España, celebrado en sus tiempos cuanto totalmente olvidado ahora: Egmont de Bries, pseudónimo o nombre artístico mejor, de un señor de Cartagena llamado Arsenio Marsal, que —naturalmente— vestido de mujer, estrenaría *Las tardes del Ritz*» (Prólogo a *Las «locas» de postín* 8).

La sexualidad difusa, imprecisa y tornasolada de los transformistas, que se suben a un tablado para metamorfosearse vertiginosamente en una mujer, en muchas mujeres, es también la sexualidad de los guayabos y de las tobilleras, dos términos, como veremos, preñados de «una turbadora significación erótica» (Villena, *El ángel de la frivolidad...* 67). Como acertadamente nota Villena, «en las novelas de Retana —y en otras muchas obras, sobre todo galantes o populares, de la época— aparecen con harta frecuencia dos términos coloquiales [...] cuyo uso, en esa acepción, hoy se ha perdido. Son, de hecho, términos claramente de la preguerra, con especial auge en los años veinte: guayabo y tobillera» (*El ángel de la friolidad...*65). Apunta Villena que «guayabo,» en su acepción ortodoxa, se refiere a un árbol que crece en América y que da como fruto la guayaba. En el lenguaje familiar, sin embargo, y según el *Diccionario de la Real Academia Española,* guayabo es «una muchacha joven y agradecida». En efecto —sigue diciendo Villena—, «la expresión coloquial *menudo guayabo* aludía inicialmente, aunque en masculino, a una chica jovencita y guapa. Los novelistas eróticos —y más los de contenido queridamente ambiguo— mantuvieron con preferencia el masculino para los chicos jovencitos y guapos (*un guayabo*) y dejaron en femenino, como la fruta, a la mocita». (*El ángel de la frivolidad...*65-66)

Si a los «mocitos» se les llamaba, con delectación, guayabos, para las mocitas hay otra acepción mucho más popular en la España erotizada e irreverente de la preguerra, que es la de «tobillera.» Según Villena, «cuando este término coloquial empieza a emplearse —hacia 1910— el largo de la falda femenina llegaba habitualmente al tobillo. La *tobillera* era, pues, la adolescente que dejaba de ir con faldas muy cortas y se ponía falda hasta el tobillo, aunque guardase todavía aire aniñado» (*El ángel de la frivolidad...*66).

En definitiva,

Guayabos y tobilleras [...] son palabras que, en la literatura galante de los años veinte, adquirieron un leve matiz erótico algo menorero. Una tobillera —que igual sugiere una muchachita con calcetines blancos— tenía entonces algo de la Lolita de Nabokov, cierta insinuación sensual en tal camino, que en masculino pasaba a ser guayabo, dejando aparcado el uso femenil. Guayabos y tobilleras —masculino y femenino— son el ideal erótico de muchos personajes de Retana, que (en su veta más moderna) está siguiendo aún esa clave simbolista que obsesionó a pintores y escritores del fin de siècle, en busca de la androginia ideal y de la imagen adolescente como encarnación perfecta de una sexualidad bella, ambigua y morbosa. (Villena, *El ángel de la frivolidad*... 66)

De hecho, uno de los rasgos señeros de la cultura sicalíptica es que promulga obstinadamente esa ambiguedad sexual y no se cansa de representarla en sus textos e ilustraciones, en claro contraste con la radical diferenciación de los sexos a la que tan afectos son los intelectuales de elite. El famoso pensador y médico endocrinólogo Gregorio Marañón, por de pronto, no se cansaba de instar a los españoles a que mataran «el fantasma del otro sexo que cada cual [lleva] dentro». «Sed hombres, sed mujeres», esa era su machacona consigna. Tanto en sus tratados científicos (*Los estados intersexuales de la especie humana* –1929; *La evolución de la sexualidad y los estados intersexuales* –1930) como en su obra de divulgación, *Tres ensayos sobre la vida sexual* (1926), que se convirtió en un verdadero *bestseller*, Marañón desarrolla su influyente teoría sobre los estados intersexuales. Según esa teoría, el ser humano nace bisexual, pero, muy pronto, la diferenciación de los sexos se impone. Aún así, ese «otro» sexo reprimido nunca acaba de morir del todo. Se manifiesta con especial virulencia durante la pubertad (los varones corren el peligro de afeminarse) y durante el climaterio (las hembras adquieren con frecuencia rasgos viriloides). Aunque la intención del afamado endocrinólogo era insistir en que, a la postre, sale victorioso el sexo dominante, Marañón, con sus insistentes recomendaciones («Sed hombres, sed mujeres») y, sobre todo, sus obsesivas y ansiosas referencias al sexo otro y fantasmático, logró precisamente todo lo contrario: insufló en sus compatriotas la sospecha de que, en el fondo, el ser humano tiene una fuerte tendencia, más pronunciada de lo que se quiere confesar, a la indeterminación sexual. Una sospecha, por cierto, que se confirmaba tanto con el espectáculo de la calle —en el que ocupan creciente lugar protagónico guayabos equívocos, transvestidos, y marimachos o «varonas»— como con esa cultura sicalíptica de gran difusión popular, en la que se rinde culto abierto a la ambiguedad de los sexos. El párrafo que sigue, publicado en 1925 en *Sexualidad* (revista dedicada a alertar a los españoles sobre el doble peligro de la desviación sexual y de las enfermedades venéreas) es un ejemplo, entre muchos, de la creciente presencia de los «invertidos» en el paisaje urbano, y de la ansiedad que esa presencia, invariablemente, genera:

> Los podéis ver [a los depravados] a la hora crepuscular como deambulan por las calles; van pintarrajeados. Sus rostros denotan ingenuidad infantil; pero sus actos son depravados cuando necesitan caudal para el sostén de su vicio repugnante [...] A la débil luz mortecina por falta de gas los veréis [exhibiendo] sus trazos femeniles; la pintura del rostro, la ondulación de su pelo, su falda pantalón os dirán quién son a poco que os fijéis. (1)

La indeterminación sexual (la «depravación», según algunos) es signo de modernidad y sólo se encuentra a gusto entre las cosas y los paisajes modernos. No sorprende, pues, que la novela sicalíptica esté al tanto de las últimísimas tendencias de la moda y del maquillaje, preocupaciones que apenas encuentran cabida en la literatura canónica de la Edad de Plata, aunque sí estimularon la curiosidad de los escritores realistas, particularmente la de Galdós en su novela *La de Bringas*. En *El tonto,* por ejemplo, uno de los personajes femeninos, doña Julia, lleva «un trajecito negro de crespón ajustado y sencillo, sin más adornos que unos vivos de terciopelo azul que bordeaban el cuello y las mangas» (131), estilo que estaba muy en boga por aquel entonces. Y en *Los ambiguos* las alcobas se llenan de «camisas de crespón, calcetines de seda impalpable, [...] trajes encargados en un buen sastre, [...] zapatos carísimos, sombreros de la casa más acreditada...» (62). En la misma novela, «Amalia le ponía sus ropas a Julito para andar por casa, y éste, dócil y contagiado de la perversidad de ella, se dejaba poner camisas de seda y zapatitos de tacón alto» (65). En otra página, «los admirables ojos de agua marina» de Julio aparecen «hábilmente retocados con Rimmel» (69), y sus labios, «discretamente avivados por el carmín de Persia» (69). Por fin, el maquillaje alcanza toda su estridente brillantez y actualidad retadora en *Las «locas» de postín*, cuando cae en manos de la madrileña y flamboyante comunidad gay:

> Manolo Castilla tenía debilidad por los polvos *Moresca*, que prestaban a sus mejillas una tonalidad anaranjada de gitana del Albaicín; la barra azul, que le creaba unas ojeras insinuantes, y el carmín, que tornaba su boca en una ardiente fresa partida en dos. Rafaelito Albareda, por el contrario, prefería una inquietante palidez que le hiciese confundible con la auténtica *Dama de las Camelias*, de Alejandro Dumas, en los últimos capítulos de la obra; y a fuerza de crema blanca y polvos, convertía su rostro en una máscara pierrotesca; sin más color que el azul intenso de las pupilas y el rojo encendido de los labios. Así como Castilla cifraba su empeño en aparentar salud y alegría, Rafaelito se esforzaba por adquirir un aire enfermizo que, según él, era más chic y cautivador que el aspecto de pepona de treinta céntimos que caracterizaba a *la Duquesa*. (9)

La moda y el afán de estar al día, cueste lo que cueste, no sólo se manifiesta en el maquillaje exagerado y la suntuosidad del vestuario, sino también en la regularidad con que los personajes de la narrativa sicalíptica se entregan al placer y embriaguez del alcohol, pero, sobre todo, de las drogas. En *El tonto*, se nos dice que uno de los personajes «tiene la cabeza llena de fantasías,» porque «le ha dado por la cocaína» (140). Y en *Los ambiguos*, Julio, el protagonista, no logra despertarse, porque seguramente «habrá tomado éter» (59). Su alcoba, de hecho, «huele a éter, [además de] a perfumes costosos y a carne limpia y joven» (59). Finalmente, en esa misma novela otra de las protagonistas, Amalia, tiene la voz «rota por los alcoholes y los narcóticos» (67).

Álvaro Retana tiene la «moderna» costumbre de salpimentar sus novelas con drogas fumables, aspirables y bebibles. Es más, ha escrito una novela entera, *El vicio color de rosa (Novela fantástica)* (1920) dedicada a la adicción al opio. Pero, así con todo, la modernidad no sólo se nota en los interiores como escenario de drogadicciones y prácticas sexuales «perversas». Se nota también en los exteriores, en ese paisaje urbano y muy madrileño –aunque muy distinto al Madrid de Baroja, por ejemplo– construido exclusivamente con lugares de moda. Así, los personajes retanianos se alojan invariablemente en El Palace, asisten a los famosos desayunos del Ritz, van al cine donde, «con la ayuda de la señora Oscuridad» se entregan a apasionados escarceos eróticos (*Lolita buscadora de emociones* 95), se agitan en los salones de baile al son del tango y del Fox-Trot, frecuentan los Music-Halls, y viajan en «Sleeping». En *Los ambiguos*, Amalia, en su afán de prostituir a Julio, lo empuja a que pasee su belleza por aquellos rincones elegantes que gustan a los carcamales adinerados: «Yo tengo guardadas unas pesetas que no quería tocar hasta que no estuviese muy apurada, y me las voy a gastar en hacerte un equipo estupendo, para que estés muy guapo y vayas de conquistas conmigo a Maxim's, al Ideal, al Ritz y a Parisiana... Pero no a conquistar tías, entiéndeme, sino a cazar viejos ricos, de estos que les gustan ciertas cosas...» (66). Por fin, en *Lolita buscadora de emociones* se nos dice que «la pollería masculina, aristócrata y ociosa [...] decora por las mañanas los paseos de Recoletos, la Castellana y el Retiro; [...] se da cita por tardes en la Granja de El Henar o en la pastelería Molinero, y prefiere por las noches el teatro de Lara o Maravillas» (91). Y la propia Lolita frecuenta, flirteadora, «los andenes de Rosales, [...] los palcos de Royalty y [...] los tes del Palace Hotel» (91-92).

Ropa, maquillaje, drogas y lugares de moda: todo un mundo, epítome de la modernidad, destinado a glorificar la belleza y los placeres de una juventud que quiere ser eterna. Y una novelística, la de Retana, no menos decidida a cantarle a todo lo que es joven y hermoso. En la novela de Retana, *Al borde del pecado* (1917), sostiene el narrador: «Los seres jóvenes y hermosos tienen derecho a todo...menos a reproducirse; porque eso envejece y deforma; quédense las desgracias y los hijos para las gentes feas y contrahechas» (126). Y en *Los ambiguos*, Julio reflexiona:

Puesto que todo el mundo admiraba su belleza de joven dios, ¿por qué no aprovecharse de su único patrimonio, en vez de desperdiciarle absurdamente? La juventud pasaría, y él no sería más que un hombre, con todas las fealdades y repulsiones del macho, envejecido en los vicios, peor aun que la vejez en la mujer, porque en el andrógino, lo único codiciable es la juventud, el atractivo de la carne fresca...(69)

Las descripciones que hace Retana de la modernidad madrileña y su idolatría por la bestia joven y bella (los guayabos, las tobilleras), suenan a verdad, probablemente porque, como apunta Villena, «ese mundo [...] de fiestas sofisticadas, señoritos afeminados, lectores *perversos*, chicas frívolas y tarifados ocasionales de arrabal, junto a cupletistas, cantantes, aristócratas y algunos escritores debió de ser muchos años —ese Madrid sofisticado y *lumpen*— el mismo que vivió Retana» (*El ángel de la frivolidad*...48). Y en ese entorno familiar al escritor, en esa modernidad sonriente y frívola, coloca Retana la variada acción de sus novelas, que son, en palabras de Villena, novelas siempre «divertida[s], desvergonzada[s], modernísima[s], liberal[es] y picante[s]» (*El ángel de la frivolidad*...36).

Las «locas» de postín (1919) es un *roman à clef* construido sobre los cimientos de una trama elemental y de unas transacciones financieras siempre fraudulentas. Todo gira alrededor de un billete de mil pesetas, que el protagonista, Rafaelito Hinojosa de Cebreros, hijo primogénito de los marqueses de Albareda, recibe del Marqués de Villamalo por sus favores sexuales. Sin embargo, muy pronto Rafaelito perderá esas mil pesetas, más otras dos mil pesetas adicionales: Su amigo Manolo, notorio cleptómano, conocido también como «la Duquesa,» y más adelante su hermano Guillermo, el único heterosexual, fieramente homófobo, que sale retratado en la novela, despojarán a Rafaelito de su nada despreciable fortuna. La novela termina con un gesto tan desesperado como cómico: Rafaelito intenta suicidarse metiendo la cabeza en una palangana.

El argumento, como digo, es esquemático, y tiene como función primordial, aunque no única, permitir el interminable desfile del frívolo y descocado plumerío madrileño. Muchos de los numerosos nombres y pseudónimos que aparecen en esta novela en clave (como «Sarabia, *loca* por convicción», «Paquito Alfayate, *loca* profesional», Javier Algaida, *loca* en entredicho,» «la Lopo, la Mazona o la Alberico, *locas* vergonzantes», «la Pérez de Acevedo, la Salvi o Mari-Pepa Andrés, *locas* románticas», Juliana Garamendi, *loca* contemplativa», y, por fin, Paca *la Traviesa, la Noeli* o *la Alfalfa, locas* vetustas» —34) los ha oscurecido la historia. Pero otros, sin embargo, se identifican con facilidad. Así, tras «Pepito Rocamora» se esconde José Zamora, amigo de la infancia de Retana y famoso ilustrador de novelas galantes, y tras «Aurelio de Regoyos», Antonio de Hoyos y Vinent, marqués de Vinent, escritor sicalíptico y decadentista que nunca ocultó su condición de homosexual.

Entre todos estos nombres y todas estas *locas*, suena la nota discordante de Guillermo, el hermano de Rafael, metáfora estereotipada de la heterosexualidad severa e hipócrita, que desprecia al homosexual y hasta le roba. En todo caso, contra ese fondo antipático destaca, por primera vez en la historia literaria española, el universo gay, en todos sus colores y con toda su alegría desenfadada e irreverente. Como apunta Villena, «que en la España de 1919 se contara con tal desparpajo (pese a la cortina de autocensura y condena) [el mundo gay] es una novedad radical y un valiente hallazgo. [...] Bien contada, amena y absoluto cuadro de costumbres, *Las «locas» de postín* (con mucha menos moralina de lo que se pretende) es una novelita sin grandes pretensiones pero absolutamente atrevida e innovadora» (Introducción a *Las «locas» de postín* 21).

Villena dice de *Las «locas» de postín* que es «una novelita sin pretensiones» y, sin embargo, yo le encuentro muchas. Bajo el tono desenfadado y bromista, y ese *kitsch avant la lettre* —tan a la Almodóvar— que se identifica en las descripciones de vestuarios, alcobas y lugares de moda, se esconde una sombría reflexión sobre la condición gay en una España brutalmente homófoba. No olvidemos que, a lo largo de toda la novela, Rafaelito sufre los asaltos e improperios de su hermano Guillermo, y que éste se apodera de toda su fortuna, un billete de mil pesetas. No olvidemos tampoco que, subidos a «una vistosa carretela abierta» (9) y camino del hotel Ritz, Rafaelito y Manolo han de soportar, a la altura de Cibeles, una larga retahíla de burlas y de insultos con los que en aquel entonces se le afeaba la conducta a los homosexuales: «¡Apio! ¡Escarola! ¡Brecolera!» (9). Los dos amigos «se miran gravemente» (10) pero no emprenden acción alguna. En una escena paralela, sin embargo, que esta vez ocurre sobre el escenario, el desarrollo de los acontecimientos es muy distinto. El famoso transformista Egmont de Bries, «maravillosamente vestido a la usanza goyesca y portador de corruscantes joyas [...], luciendo un escote intrépido, completamente aperitivo [...] [y] unos brazos desnudos, al parecer amasados con nácar y rosas, [...] rompe a cantar imitando los ademanes y la voz de [la cupletera] Carmen Flores» (39). Acabado el espectáculo, «el transformista adelantóse a las candilejas para saludar, y con un movimiento brusco despojóse de la peluca y la goyesca redecilla, para mostrar altivamente su cabeza morena. Un chusco de la gradería gritó fingiendo asombro: —¡Anda, pero si es un hombre! —Inmediatamente, otras voces atipladas continuaron: —¡Mariposa! —¡Goloso! —¡Apio!» (39-40).

Al revés que en la calle, en el territorio acotado de la farándula los insultos no se ignoran, sino que reciben merecida respuesta. Egmont de Bries, «impávido [...] respondió antes de abandonar la escena: —¡Ay, qué cursis! ¡Ya no se dice apio! ¡Se dice vidrio!» (40). Y en otra página, cuando un «bromista indiscreto» pide «con voz gangosa» al transformista que «imite a un hombre,»

«Egmont de Bries se [iergue] con gallardía y [pregunta]: —Pero, ¿hay alguno aquí?» (40-41).

Más importante aún, el suceso suscita la reacción solidaria de una parte del público. Acabado el segundo número, en el que Egmont de Bries canta «discretamente una romanza italiana» (40) los insultos se reanudan: «—¡Sape! —¡Bribón! —¡Sarasa! —¡Fuego!» (41). Pero, en seguida, «una admiradora del imitador» comenta: «Después de todo, no me explico la actitud de esos tíos antipáticos. El chico, ¿no es el último número del programa? Pues el que no le guste que se marche. ¿Qué derecho tienen a ofenderle? Cada cual se gana la vida como puede, y con su trabajo no perjudica a nadie» (41).

Como atestigua el narrador de *Las «locas» de postín*, el trabajo de Egmont de Bries «presta inmenso servicio a la causa del tercer sexo» (33). En otras páginas dedicadas a la novela de Retana (Zubiaurre, *Cultures of the Erotic*.... 314-318), señalo, por ejemplo, que el escenario teatral y el vistoso espectáculo transformista se convierten en una utilísima herramienta pedagógica. Por de pronto, contribuyen a la normalización de la homosexualidad, al permitir que una audiencia «mixta» (homosexual y heterosexual) se enfrente abiertamente con un tabú y conozca los entresijos de una sexualidad vuelta estigma. Es más, hace posible que tanto el artista gay como la audiencia homosexual respondan a los oprobios en un entorno controlado y relativamente seguro, algo que Rafaelito y Manolo, en su accidentado y público trayecto al hotel Ritz, no habrían podido hacer sin que, de algún modo, peligrara su integridad física.

Las «locas» de postín proyecta una luz positiva sobre cierto «tipo» de gay —el gay flamboyante y pinturero de las noches madrileñas— que la literatura canónica las más de las veces se ha encargado de ignorar y, en el mejor de los casos, de censurar con severidad. De hecho, esta novela de Álvaro Retana debería leerse en conjunción con otra novela gay, que, equivocadamente, es, para muchos, la primera novela de asunto homosexual en lengua castellana. Nos referimos a *El Angel de Sodoma*, del escritor cubano-español Alfonso Hernández Catá, publicada en 1927, es decir, casi diez años después de que viera la luz *Las «locas» de postín*. *El Angel de Sodoma*, y como explico más detalladamente en la edición crítica de esta novela (Stockcero 2011), sólo registra dos tipos de homosexual, el gay closetero que se avergüenza de su condición y la combate con valiente empeño (o, como prefiere decirlo Jiménez de Asúa en su epílogo a la novela, «un homosexual heroico que prefiere la muerte a la claudicación»), y ese otro gay que es «invertido procaz y escandaloso», que es afeminado grotesco, con la cara cubierta de maquillaje, y una alegría estridente y repulsiva.

Retana, en *Las «locas» de postín*, se apropia de esta segunda modalidad, y la embellece y dignifica: crea el tipo de homosexual simpático, dicharachero, ingenioso, que es orgullosamente gay y alegremente frívolo, que se entrega sin complejos al placer y es siempre juguetón e irreverente. Un gay, flamboyante, noctámbulo y vividor, al estilo Almodóvar o, mejor aún, al estilo Mendicutti, que no cae nunca en el cliché de homosexualidad=sordidez, del que tan aficionado es Hernández Catá, y mucho menos en ese otro estereotipo, no menos homófobo, amén de extemporáneo, del closeterismo heroico, autoflagelante y sacrificado.

Retana inicia su prólogo a *Las «locas» de postín* declarándose «buscador insaciable de emociones morbosas» (1). «Hasta el presente», dice, y dice con razón, «ningún otro novelista español creo que me haya superado en audacia para estudiar con febril apasionamiento a esa alocada fauna que vive en el extrarradio moral» (1). Ciertamente, la novela de Retana, *Los ambiguos*, publicada en 1922, sigue recogiendo especímenes de esa fauna dada a «las aventuras equívocas, las aberraciones monstruosas, y las incongruencias fantásticas» (1). Esta vez, en la forma de un «semidios [...] ambiguo y suculento» (59), un verdadero guayabo, con «belleza de adolescente griego» (60) sometido a los caprichos de una altiva tirana con «andrógina silueta» (59) y avidez de buitre: de lo que se trata es de extraer, de la carne fresca del joven, pingües beneficios. Amalia acoge a Julio en su casa, y le busca a Julio amantes añosos y ricos, en realidad «viejos cochinos» que frecuentan el antro de moda, Parisiana, y se le «quedan mirando atontados, como si ya no hubiese mujeres en el mundo» (61). Amalia Díaz de Hinojares, «la última de una de las más ilustres familias castellanas» (64), es lesbiana. Tras una brutal violación, que la «curó para siempre del amor del hombre», le confiesa a Julio que «sólo [ha] tenido queridas, que se [le] han comido el dinero y [la] han envenenado con los vicios más inconfesables» (65).

Todo el afán de la aristócrata arruinada es conservar el aspecto aniñado de Julio, su «guayaberismo», porque es ese cuerpo a caballo entre la infancia y la adolescencia el que atrae a la clientela masculina. Y todo el empeño de Julio es hacerse hombre, dejar esa vida de «cocotte de lujo sin dinero» (61), esa «existencia extraña, de larva [...] [que transcurre, ociosa] en un rincón decorativo y perfumado» (65). Amalia, que examina «con gesto de contrariedad el ligerísimo y dorado vello que empezaba a invadir los torneados brazos, las férreas piernas y los redondos muslos de su amante» (60), exclama disgustada: «Vas a tener que dejar de hacer tanto ejercicio. Te estás poniendo ya... demasiado hombre...» (60). A lo cual, contesta Julio: «No querrás que toda la vida siga pareciendo una nena [...].¡Me gustaría más ser fuerte y musculoso!» (60).

Si bien Julio nunca se hace boxeador, sí se le brinda muy pronto la oportunidad de «hacerse hombre». Amalia, en su papel de «chula», presenta a Julio a unos americanos ricos, dos hombres y una mujer. Estos, hambrientos de juerga y de «tipismo» castizos, se empeñan en entrar en «el pintoresco Café de la Encomienda» (73), situado «al final de una obscura calleja» (73), la cual ofrece «el convencional espectáculo de una riña de barrios bajos» (73). A partir de aquí, la acción se precipita. Dentro del café, sobre un «tabladillo de madera, que tenía por fondo unas cortinas rojas y un espejo» (74) bailan flamenco dos gitanas, la Perla, «precozmente aviejada» (75), «excesivamente frágil» (75) y con aspecto de «estatuilla de terracotta» (75) y la Rizada, «buena moza, guapetona y vulgar» (75). Borracha y ansiosa de sensaciones fuertes a la altura de sus apetitos ambiguos, la americana exige que la Perla baile para ellos, pero que lo haga completamente desnuda. Esta se niega, herida en su honra («¡Ni por todo el oro del mundo!» –77, exclama). Ante la brutal insistencia de los americanos, Julio salta sobre uno de los agresores de la bailarina e intenta asfixiarlo. Pero fracasa en su esfuerzo, porque, «como en un brusco recurso teatral, dos tiros impidieron que el muchacho continuase oprimiendo la garganta del norteamericano. El borracho irguióse, respirando ansiosamente después de haber sentido la muerte muy de cerca, y Julio cayó al suelo mortalmente herido. [...] Y sólo quedó en el centro del café, pálida y serena esgrimiendo su browning, la dama de las pieles» (78).

La novela de Retana se llama *Los ambiguos* como referencia explícita a la ambigüedad sexual de sus personajes. Sin embargo, esa ambigüedad se traslada igualmente a la forma y hechura del texto. *Los ambiguos* es un pastiche disparatado –intencionalmente disparatado– de novela galante, drama de honor, melodrama gitano, drama parisino, «film de 'apaches'»(73), drama patriótico y Western americano. La novelística de Retana es esencialmente moderna, y de fuentes ultramodernas y extranjeras (el filme de «apaches,» el género frívolo y galante, el drama parisino, la leyenda cinematográfica del lejano Oeste) se nutre sin cesar. Pero abreva igualmente en los productos nacionales, ultracastizos, e hiperarcaicos, a saber, el melodrama gitano, el drama patriótico y el calderoniano drama de honor.

Realmente, convivieron en la España de la Edad de Plata dos culturas diametralmente opuestas, una moderna, cosmopolita, y desenfadadamente ambigua, y la otra, arcaica (o arcaicante), provinciana y fieramente heterosexual. Y así, mientras Unamuno escribía *Niebla*, y, con todo y todo, se tomaba su «nivola» muy en serio, y la situaba en la pueblerina Salamanca, su lugar de residencia, y se empecinaba en hacer de un señorito provinciano y enamoradizo un filósofo, y de una señorita empobrecida y cursi una arpía calculadora, Retana medio en broma componía sus novelas, vivía en Madrid o en Barcelona, se dejaba acariciar por aires cosmopolitas, y poblaba sus escritos e ilustraciones con mujeres muy a la moda y hombres satisfechos con serlo muy poco. A la postre, y como quien no quiere la cosa, Retana nos cuenta, en *Los ambiguos*, dos historias: una, mostrenca y paródica, de un español muy macho que, herido en su honor y ante la afrenta extranjera, venga la honra de una mujer. Y otra, trágica y que suena a verdad, de un hombre que, si hubiera vivido en París, y no en Madrid, si hubiera vivido fuera de España y no en ella, habría disfrutado sin ambages y sin absurdas veleidades calderonianas su ambigua y esplendorosa juventud.

Si en *Los ambiguos* el protagonista lo era un guayabo, en *Lolita buscadora de emociones* (1923) lo es una tobillera. La semblanza que sigue es el retrato-tipo de ese personaje a lo «Lolita» de Nabokov, mezcla turbadora de perversión y de ingenuidad:

> [Lolita Cotollano de Vivar] la deliciosa tobillera [...] poseía dos admirables ojos color caramelo, que parecían siempre adormilados, como perdidos vagamente en un ensueño voluptuoso; una graciosa naricilla respingona y sensual, una boquita exageradamente diminuta y una abundante cabellera de oro, que iluminaba el rostro, marfileño y triangular. Tenía mucho de felino aquella cabecita colocada altivamente sobre un busto estatuario, cuyo atractivo principal no era la línea de los hombros, de una pureza helénica, sino la torneada madurez de los senos pequeños, dos jugosas mitades de naranja florecidos por dos botones que solían transparentarse en los vestidos veraniegos. Y si también el talle era un modelo de perfección olímpica, los brazos hubieran causado envidia a la Venus de Milo, y las piernas eran dos armoniosas columnas, maravillosamente modeladas, digno sostén de un edificio tan glorioso; dos arpegios trepando al Paraíso, cuya puerta empezaba a abominar de su propio hermetismo. (91)

Como ocurría ya en *Los ambiguos*, el argumento de *Lolita buscadora de emociones* es perfectamente elemental: Lolita y su hermano, Falito (de Rafaelito) viven prácticamente solos: «Olvidados por sus progenitores, constantemente en viajes por Londres y por París» (93), y con una dama de compañía que, «reconociéndose impotente para luchar con los hermanos, prefería tender amablemente un velo, y a veces una alfombra» (93), Lolita y Rafaelito (de quienes el narrador dice que son «dos virginidades sin inocencia» –93) comienzan por deleitarse «en la lectura de novelas galantes y periódicos pornográficos» (93). Pronto, al aprendizaje teórico le sigue la aplicación práctica, empezando por el voyeurismo y el onanismo, este último mencionado siempre en términos eufemísticos («el travieso juego de Falito derivaba a un final estéril y sabroso» –99), y siguiendo por las caricias enfervecidas en los cines, o los atrevidos desvaríos lúbricos «detrás de un biombito japonés» (102).

Aburrida de los ensayos incestuosos con Rafaelito, Lolita se le insinúa a Curro Molina, amigo de su hermano mayor, «gallito andaluz de retadora prestancia» (97), «don Juan Cadete [...] [de] ojos agarenos, entornados con especial 'cachonderíe', [...] [y] labios sensuales de campeón del beso» (97). Pero quien colma las ansias de Lolita, poseída siempre «de la fiebre del deseo insaciable e insaciado» (111), es Fermín, el nuevo mozo de comedor, en quien la precoz tobillera descubre

> esa elegancia de «criado de casa grande», que, a veces, les hace confundibles con el propio señorito, y [que], aunque Lolita no se hu-

biera enterado antes, poseía esa gentileza y esa fogosidad de los veintún años. Ancho de hombros, delgado y musculoso, de facciones correctas y extraordinaria palidez, Fermín causaba la impresión de un aristócrata a quien rigores del destino le hubiesen impuesto el cargo de mozo de comedor. (108-109)

El desfloramiento de Lolita ocurre a manos del criado, anécdota con la que Retana se permite una graciosa pirueta metafictiva y paródica: de acuerdo con el manido cliché literario, es el «señorito de la casa» el que habitualmente seduce a la criada y muchas veces se inicia sexualmente con ella, y no viceversa. Y es la criada, y no el criado, el que rutinariamente acaba de patitas en la calle (según Fermín, era la «irresistible simpatía que despertaba en las señoras de las casas [la que] obligaba al señor a despedirle como medida prudencial» –109).

La metaficción aparece más veces en la novela, como cuando en el capítulo III se nos dice que «Lolita, acomodada en su sillón frailero, leía con malsana complacencia la última novela de 'El Caballero Audaz', que, con Retana y Pedro Mata, integraba la trilogía de autores predilectos de la joven» (101). O cuando, en la página 102 se hace mención a uno de los más afamados ilustradores de novelas sicalípticas: Lolita «monta una pierna sobre la otra [...], adoptando una actitud de muñeca de *cabaret* aprendida en los dibujos de Penagos». Igualmente metafictiva es la burlona moraleja con que Retana concluye las peripecias amorosas de la «nena rubia y loca» (109): «Curiosa y amoral, Lolita, como tantas buscadoras de emociones, finalizaba como todas las muchachas que no saben ser fuertes contra el demonio de la sensualidad: disponiendo de lo que es suyo; pero que no se debe dar a nadie porque es el único tesoro con que cuenta la mujer para obsequiar a su marido la noche de la boda» (113).

En ningún momento el lector (o la censura) se toman en serio la admonición retaniana, por una razón doble: en primer lugar, ese tipo de *exculpatio* no es sino uno de los muchos convencionalismos, deliberadamente hipócritas, propios de la ficción galante, un gesto retórico vacío que, si acaso y a estas alturas, mueve a la risa. Pero además, lo citado arriba se contradice radicalmente con la gozosa libertad con la que Lolita disfruta del acto sexual:

> Entregóse casta e impúdica, con los ojos cerrados e hirviente de deseos, sin pensar en otra cosa que complacerle a él y en complacerse a sí misma. Olvidóse de lo divino y humano para gozar esplendorosamente, sin trabas de ninguna clase y sin remordimientos, segura de que «aquello» era su destino, y no valía la pena amargarse el rato oponiendo dificultades e invocando prejuicios [...] Y cuando todo hubo acabado, cuando la infatigable bebedora de sensaciones de la carne quedó ahita de goce, medio desvanecida de placer bajo la férrea opresión de aquel mocito pálido [...], la «guayaba» exclamó con voz velada: —¡Por aquí debía yo hacer empezado! (113)

Retana, contraviniendo abiertamente la convención de la «sexualidad culpable,» que con tanta obstinación permea las páginas de la literatura canónica española, inventa, para sus heroínas, un erotismo libre y pagano. En las novelas del «novelista más guapo del mundo,» todos disfrutan, hombres y mujeres, gays y heteros, lesbianas y bisexuales. Es más, Retana, a quien sus lectores importan tanto como sus personajes, siempre se preocupa de que ningún deseo, ningún placer queden desatendidos. Por eso, junto a la «tobillera», delicia de los hombres y solaz de las «ambiguas,» encontramos al «guayabo», que apela a los sentidos de la Lolita *voyeuse* e incestuosa, pero también a los de los lectores (y personajes) gay:

> Realmente el «guayabito» era una monería y un excesivo desarrollo convertíale en un muñeco rubio y grande, con los ojos de almendra, centelleando tiernamente bajo el arco perfecto de las cejas, la nariz afilada, de aletas palpitantes, y los labios tan encendidos como los de su hermana. Los deportes y la gimnasia habíanle dotado de unas graciosas redondeces, que inquietaban a más de cuatro admiradores de Lolita [...] Después, al reponerse del sublime desmayo [Rafaelito] salió [de la bañera] tan lustroso como una estatua de alabastro y marfil, sin más color que el oro de los cabellos en desorden, y el rojor de los labios. (98-99)

En 1925 se publica *El Tonto*, novela de Retana que cae en manos de la censura y le va a costar un mes de prisión. El argumento, como en el caso de *Los ambiguos* y *Lolita buscadora de emociones*, es una excusa para hilar un episodio erótico detrás de otro. Amalia, una suerte de «Sherezada *modern style*» (124), ameniza las veladas a una colección de vejestorios que la «escuchan, embelesados [...], cuando ella, que está envenenada de literatura galante, lee, traviesa, alguna producción erótica de un sangreazulado príncipe de las letras» (123). Aurelia ha viajado por toda Europa y, además, es una mujer culta. Como «domina a la perfección las lenguas latinas [...], en sus ratos de ocio ha acometido la tarea de traducir, con bastante más discreción que muchos profesionales, algunas obras de autores clásicos solemnemente libertinos» (124). Pero llega un momento en que los relatos se acaban y las historias se repiten, de tal forma que Aurelia decide recurrir a los recuerdos de su propia vida amorosa para entretener a su senil audiencia. Además de la literatura galante —Aurelia confiesa que ya de niña se hallaba «perturbada por el demonio de las lecturas perniciosas» (127)— la principal fuente de su aprendizaje sensual es, cómo no, su profesora de Francés, doña Julia, «una mujer rubia y gentil, con el aire altivo de aquellas marquesas del siglo XVIII que malogró la guillotina» (128). Gracias a doña Julia y sus enseñanzas, que en varias ocasiones llegan a adquirir visos de orgía, Aurelia perfecciona su sabiduría erótica. Pero, sobre todo, gracias a doña Julia Aurelia conoce a Polín, que primero se le aparece como un «cadete de infantería muy pintado, que fumaba en una boquilla de media vara, sentado a la oriental sobre un almohadón, como un bibelot de tocador, y tenía el pelo negrísimo y crespo, la carnación nacarina y los ojos del color de las uvas tintas» (133). Polín no es cadete, sino «aprendiz en una carpintería» (135), y tiene una trayectoria vital muy parecida a la de Julio en *Los ambiguos*. Como Julio, Polín es un mantenido –de una «vieja con cara de bulldog» (137)– y un mero juguete sexual. Y, como Julio, Polín reniega de su esclavitud y de su destino de muñeco/muñeca de lujo: «¡No quiero, ea! Prefiero volverme a la carpintería que ir donde ella a sufrirla. Al fin y al cabo, ¿qué tengo yo ganado? Estoy vestido y alhajado; pero no dispongo de libertad para ir donde me dé la gana. Ya me tiene harto» (140).

Aunque «Polín «no era guapo, [...] su aire ambiguo le hacía intersantísimo» (133), y Aurelia se encapricha con él. Dispuesta a hacer el amor, espera de Polín «un empuje que venciera [sus] temores» (144). Sin embargo, como relata Aurelia, ese empuje nunca llega: «Polín se me tendió en el lecho como adormecido, dejándose acariciar con perversa indolencia. [...] Polín se me deshacía materialmente entre mis brazos, y yo...me esforzaba estérilmente sobre él, apretando todos los resortes, llamando en vano a la suerte» (144). En suma, haciendo uso prolífico de eufemismos, el narrador termina por decirnos que el acto sexual no se consuma, y que la virginidad tanto de Polín como de Aurelia permanecen intactas. Y con esa «aventurilla de adolescente, envenenada de amoralidad, pero donde [Aurelia, por confesión propia] hiz[o] el tonto tan lamentablemente» (147), concluye la novela.

Hay que preguntarse por qué el aparato censor del régimen de Primo de Rivera vio, en *El tonto*, razones suficientes como para encarcelar al autor. ¿Por qué esa novela, y no otra, si toda la producción sicalíptica de Retana (y de otros autores que no sufrieron prisión) incurre en parecidos atrevimientos? Uno de los motivos, probablemente, está en el prólogo, en el cual Retana, entrevistado por Mariano Tomás, confiesa tener un altar, pero un «altar laico, donde yo», dice el autor, «estoy presidiendo en calidad de dios mayor y en cuya gradería figuran todos los santos de mi devoción» (118). «Y entonces», añade el entrevistador,

> vuelvo la vista hacia donde Retana me señala y veo un altarcito muy curioso, tapizado de terciopelo rojo, con candelabros de plata, floreros de cristal y, encerrados en marquitos, los santos de la devoción del artista: María Antonia, Luisita Esteso, Antonia de Cachavera, una tal Rosita, que asoma únicamente la nariz tras un velo blanco; Matilde del Castillo, María Conesa, Mercedes Fifí, una mujer bellísima con tocas monjiles y dos o tres muchachos. (118)

Sin duda, un «altar laico» reservado a la adoración de cupleteras y guayabos tuvo que ofender gravemente a una dictadura en estrecha connivencia con la Iglesia. Pero, quizá, lo que realmente irritó la susceptibilidad del aparato censor no fue tanto el presunto sacrilegio, como el hecho de que *El tonto* se atreviera a tejer todo un entramado erótico, evidentemente eficaz, juguetón y placentero, en la que el elemento varonil brillaba por su ausencia. Así como en *Lolita buscadora de emociones* sí hay presencia masculina y por tanto hay desfloramiento, en *El tonto* las peripecias amorosas se convierten en una suerte de «foreplay» *ad infinitum*, sin que se produzca esa consumación tan cara a la sexualidad heteronormativa. Ese erotismo «sin final» porque no hay penetración, ese continuo «hacer el tonto» (por eso se llama así la novela) de Lolita y de Polín, se lee como un ataque frontal a la masculinidad y, por ende, a la nación: no debemos olvidar que en esa España de capa caída, perdedora de sus últimas colonias, la identidad nacional se percibía como íntimamente vinculada a la identidad (hetero)sexual. La regeneración de España dependía, en gran medida, de esa diferenciación radical de los sexos, de esa soberanía del principio masculino que con tanto énfasis defendía Marañón, y que, en la época que le tocó vivir, amenazaba con desintegrarse: demasiadas «varonas» (como Unamuno llamaba a los «marimachos»), demasiados «hombres señorita,» demasiado placer y poca penetración.

Aunque la historia «oficial» y la crítica cultural y literaria de signo ortodoxo hayan hecho todo lo posible por ignorarlo (sicalipsis rima con elipsis), lo cierto es que la España del primer tercio del siglo XX fue testigo de una verdadera revolución sexual, sólo comparable a la que después de la dictadura franquista irrumpió con fuerza en la sociedad española de la postmodernidad (Zubiaurre, *Cultures of the Erotic...*). Ciertas realidades de la transición, como son «la movida» y «el destape,» o el fenómeno Almodóvar, o el éxito arrollador de la colección de novela erótica, *La sonrisa vertical*, publicada por la editorial Tusquets a partir de 1977, hallan un poderoso antecedente en la riquísima y variada producción erótica de comienzos del siglo XX. Las dos culturas —la sicalíptica y la postmoderna— no se tocan, porque el franquismo y su férreo aparato censor hicieron imposible el contacto. Y, sin embargo, ambas culturas se parecen, y comparten inquietudes muchas veces idénticas. Por de pronto, tanto la sicalipsis como el erotismo despendolado de la Transición derrumban al ídolo fiero de la sexualidad reproductora. Y, al igual que Álvaro Retana y sus novelas, le ponen un altar laico y sacrílego al placer sin ataduras.

Bibliografía

Aresti, Nerea. *Masculinidades en tela de juicio: Hombres y género en el primer tercio del siglo XX*. Madrid: Cátedra, 2010.

Bru Ripoll, Carmen y Pérez Sanz, Pilar. «El cuplé: una introducción a la expresión lúdica de una erótica 'ínfima'». *Revista de Sexología* 36 (1988).

_____. *Álvaro Retana:* «El sumo pontífice de las variedades». *Revista de Sexología* 40-41 (1989).

_____. «Hildegart o la historia de Aurora Rodríguez Carballeira». *Revista de Sexología* 32 (1987).

_____.«Las jornadas eugenésicas de 1928 y 1933.» *Revista de Sexología* 30 (1987).

Cejador y Frauca, Julio, *Historia de la lengua y literatura castellana*. Madrid: Tip. de la «Rev. de arch., bibl., y museos,» 1915-22 (Tomo XIII).

Cerezo, José Antonio. *Literatura erótica en España. Repertorio de obras (1519-1936)*. Madrid: Ollero, 2001.

Cleminson, Ricard M. *Anarchism, Science, and Sex: Eugenics in Eastern Spain, 1900-1937*. New York: Lang, 2000.

_____. y Francisco Vázquez García, *Hermaphroditism, Medical Science and Sexual Identity in Spain, 1850–1960*, Cardiff: University of Wales Press, 2009.

Cruz Casado, Antonio. «El Caballero Audaz: entre el erotismo y la pornografía.» *Cuadernos Hispanoamericanos* 463 (1989): 97-112.

_____. *El cortejo de Afrodita. Ensayos sobre literatura hispánica y erotismo*. Málaga: Universidad de Málaga, 1997.

Domingo, Javier. «El erotismo en la prensa madrileña del siglo XIX.» *Villa de Madrid* 80 (1984): 27-40.

_____. *El desnudo seductor. Cien Años de erotismo gráfico en España*. Madrid: Arnao, 1988.

Fernández, Pura. *Eduardo López Bago y el naturalismo radical: la novela y el mercado literario en el siglo XIX*. Amsterdam: Rodopi, 1995.

_____. *Mujer pública y vida privada: Del arte eunuco a la novela lupanaria*. London: Tamesis Books, 2008.

Fernández Cifuentes, Luis. *Teoría y mercado de la novela en España: Del 98 a la República*. Madrid: Gredos, 1982.

Guereña, Jean-Louis. «De erotica hispanica.» *Cahiers d'Histoire culturelle* 5 (1999): 19-32.

———. «La producción de impresos eróticos en España en la primera mitad del siglo XIX.» *Prensa, impresos, lectura en el mundo hispánico contemporáneo. Homenaje a Jean-Francois Botrel.* Ed. por Jean-Michel Desvois. Pessac: Pilar, 2005. (31-34).

———. «Ce pays malhereux. La production érotique clandestine en Espagne sous la Restauration (1874-1900).» *L'espace de l'Eros. Représentations textuelles et iconiques.* Ed. por Eduardo Ramos-Izquierdo y Angelika Schober. Limogues: Presses Universitaires de Limoges (Collection Espaces Humains 11), 2007 (111-134).

Hernández-Catá, Alfonso. *El ángel de Sodoma.* Critical edition by Maite Zubiaurre. Miami, Florida: Stockcero, 2011.

Litvak, Lily. «Introducción.» *Antología de la novela corta erótica española de entreguerras (1918-1936).* Madrid: Taurus, 1993.

López Ruiz, José María. *Los pecados de la carne. Crónica de las publicaciones eróticas españolas.* Madrid: Temas de Hoy, 2001.

Marañón, Gregorio. *Los estados intersexuales en la especie humana.* Madrid: Morata, 1929.

———. *La evolución de la sexualidad y los estados intersexuales.* Madrid: Morata, 1930.

———. «Educación sexual y edad crítica.» *Tres ensayos de la vida sexual.* Madrid: Biblioteca Nueva, 1928. PN

Miguel de, Amando. *El sexo de nuestros abuelos.* Madrid: Espasa, 1999.

Retana, Álvaro. *Al borde del pecado.* Barcelona: Sopena, 1917.

———. *Los extravíos de Tony: Confesiones amorales de un colegial ingenuo* (1919)

———. *Una niña «demasiado moderna» (Delirantes extravíos de una ingenua libertina)* (1919)

———. *El fuego de Lesbos (Indiscretas revelaciones de una celebridad galante).* Colección *Afrodita.* Madrid: Biblioteca Hispania, 1919.

———. *Las «locas» de postín.* (Introducción de Luis Antonio de Villena).Madrid: Odisea Editorial, 2004. (Primera edición: Colección *Afrodita,* Madrid: Biblioteca Hispania, 1919).

———. *El vicio color de rosa (novela fantástica).* Colección *Afrodita.* Madrid: Hispania, 1919.

———. *Currito el ansioso: Accidentada historia de un gomoso pervertido.* Colección *Afrodita.* Madrid: Biblioteca Hispania, 1920.

———. *La señorita Perversidad:Novela Alegre.* Colección *Afrodita.* Madrid: Biblioteca Hispania, 1921.

———. *Los ambiguos.* Colección *La novela de hoy.* Madrid: Sucesores de Rivadeneyra, 1922.

———. *Lolita buscadora de emociones.* Colección *La novela de hoy.* Madrid: Sucesores de Rivadeneyra, 1923.

_____. *Mi novia y mi novio*. Colección *La novela de hoy*. Madrid: Sucesores de Rivadeneyra, 1923.

_____. *Los tres pecados de Celia: Confidencias amorales de una famosa actriz*. Colección *Afrodita*. Madrid: Biblioteca Hispania (192?).

_____. *La ola verde: Crítica frívola*. Madrid; Barcelona: Galo Sáez, 1931.

_____. *Historia del arte frívolo*. Madrid: Tesoro, 1964.

_____. *El tonto*. Colección *La novela de hoy*. Madrid: Sucesores de Rivadeneyra, 1925. Rioyo, Javier. *La vida golfa. Historia de las casas de lenocinio, holganza y malvivir*. Madrid: Santillana, 2003.

Rioyo, Javier. *La vida golfa: Historia de las casas de lenocidio, holganza y malvivir*. Madrid: Santillana, 2003.

Rivalan Guégo, Christine. *Fruición-Ficción: Novelas y novelas cortas en España (1894-1936)*. Trans. María Concepción Castroviejo Bolíbar and Christine Rivalan Guégo. Gijón: Trea, 2008.

Salaün, Serge. «Apogeo y decadencia de la sicalipsis.» *Discurso erótico y discurso transgresor en la cultura peninsular*. Ed. M. Díaz-Diocaretz and Iris M. Zavala. Madrid: Tuero, 1992: 192-153.

Sánchez Alvarez-Insúa, Alberto. *Bibliografía e historia de las colecciones literarias en España, 1907-1957*. Madrid: Libris, 1996.

Sinclair, Alison. *Sex and Society in Early Twentieth-Century Spain: Hildegart Rodríguez and the World League for Sexual Reform*. Cardiff: U of Wales P, 2007.

Alfredo J. Sosa-Velasco. *Médicos Escritores en España, 1885-1955. Santiago Ramón y Cajal, Pío Baroja, Gregorio Marañón y Antonio Vallejo Nájera*. Londres: Tamesis: 2010.

Vega, Blas. «La novela corta erótica española.» *El Bosque* nos. 10-11 (1995): 35-45.

Villena de, Luis Antonio. *El ángel de la frivolidad y su máscara oscura. (Vida, literatura y tiempo de Álvaro Retana)*. Valencia: Pre-Textos, 1999.

Zamostny, Jeffrey. *Hustlers, Seducers, and Inverts: Faustian Figures in Silver Age Spain*. (Manuscript).

Zubiaurre, Maite. «Serrallos, sicalipsis y máquinas de escribir: erotismo, exotismo y modernidad en España.» *Romance Quarterly* 52/3 (2005): 197-220.

_____. «Velocipedismo sicalíptico. Género, bicicletas y sexualidad importada en la España finisecular.» *Journal of Iberian and Latin American Studies* 13.2-3, August/December (2007): 217-240.

_____. *Cultures of the Erotic in Spain 1898-1939*. Nashville: Vanderbilt University Press, 2012.

Colección Afrodita
Álvaro Retana

Las «locas» de postín
Novela de Malas Costumbres Aristocráticas

Álvaro Retana. *La máscara de bronce*. Madrid: Colección *La novela de hoy*, 1926. (Dibujo de Antonio Juez).

A Manera de Prólogo...

Lector: Aquí tienes un hombre, buscador insaciable de emociones morbosas. Hasta el presente, ningún otro novelista español creo que me haya superado en audacia para estudiar con febril apasionamiento a esa alocada fauna que vive en el extrarradio moral. Y tampoco ningún otro novelista me igualó en valentía para describir escenas y personas que nacen, crecen y se mustian en la abyección y el desenfreno. (Allí nos esperen muchos años.)

Todas esas criaturas que arrastran una existencia ambigua, estrepitosa y pintoresca, me han atraído irresistiblemente, porque en los episodios de su vida he encontrado siempre innumerables matices que podrían interesar al público.

Yo sería incapaz de cometer el menor pecado ni de transigir con la más leve inmoralidad; pero encuentro muy oportuno que delincan los demás, porque sus aventuras equívocas, sus monstruosas aberraciones y sus fantásticas incongruencias, me sirven a mí, luego, de elemento para confeccionar unas novelas que, desgraciadamente, se venden como pan bendito. Por egoísmo de novelista he bajado de mi torre de marfil para escuchar las inauditas confesiones de personas que están a veintiséis kilómetros de la vergüenza y el pudor, que han hundido su espíritu y su cuerpo en el fango de terribles indignidades, y que ni siquiera saben llevar sus vicios con una pulcritud que infunda respeto.

Me he complacido en estudiar minuciosamente cuantos casos de putrefacción espiritual encontré en mi camino, y en muchísimas ocasiones ni aun tuve que molestarme en inspirar confianza para que me describiesen sus miserias morales los esclavos del pecado mortal. Como para nadie es un secreto que vivo en Manual Silvela, 10, nunca faltan almas caritativas que vengan de cuando en cuando a mi casa-palacio con la exclusiva idea de documentarme en las amenidades de escabrosidades ajenas. Y si carecieron de valor para narrarme personalmente las travesuras de Fulanita o Menganito, recurrieron al anónimo para revelar –puntualizando maravillosamente– los últimos escándalos de las personas que pudieran interesarme.

Esta novela está confeccionada con datos y noticias que provienen de *una autoridad competente*. Lleno de indignación y sobresalto íntimo, me he dejado contar que existe un mundo mundillo de ciudadanos que merecían, a juzgar por sus aficiones y su temperamento, ser incluidos en el sexo femenino.

Estos seudohombres, que pudiéramos llamar representantes del tercer sexo[1], pertenecen a familias distinguidas, y la sociedad, indulgente, después de condenarlos, perdona sus extravíos. Alentados por esta culpable benevolencia general, atrévense a establecer una especie de masonería cuyos individuos se reconocen inmediatamente por signos, gestos, conversaciones o detalles, que se escapan a la perspicacia de las gentes que profesan sus convicciones, y congregan aquelarres[2] fabulosos, cultivan un lenguaje arbitrario y personalísimo e influyen muy eficazmente en la vida de las personas honorables, sin que éstas se percaten.

El tercer sexo es quien me ha servido de tema para *Las «locas» de postín*, novela que hace el número uno de este género, y que no tiene otro mérito que el de ser un fiel reflejo de la realidad. Garantizo la autenticidad de cuantos personajes desafían por las páginas de este libro, y, aun cuando no a todos, conozco a bastantes de ellos, que han sido quienes, en momentos de expansión, de sinceridad o de cinismo, me han revelado cuanto yo desconocía sobre el particular.

Mi alma casta y púdica, ávida de ideales místicos, que sueña con retirarse el día menos pensado a las delicias de la vida monástica, no tiene del pecado otra noción que la que le han descrito los pecadores. Mi intuición y mi entusiasmo son quienes me ayudan a fraguar con los materiales que otros me prestan, estos libros, que pudieran ser considerados como templos que Satanás levanta para conquistar prosélitos, y que, sin embargo, obran el efecto de hacer odioso e intolerable el pecado.

Después de leer estas escenas, el lector verdaderamente sano de cuerpo y de espíritu tiene que experimentar, como yo, el legítimo orgullo y la alegría de su normalidad, y compadecerá sinceramente a las infortunadas víctimas de Su Majestad el Vicio, que, lejos de escaparse de sus garras malditas, prefieren sentirlas más furiosamente sepultadas en la carne y el cerebro.

Ahora, lector, diviértete, horrorízate, y, como yo, abomina del tercer sexo.

EL AUTOR

---

1 *El tercer sexo*: Eufemismo de homosexual, muy popular en tiempos de Retana.
2 *Aquelarre*: Palabra de origen euskera o vasco (Akelarre). Lugar en el que las brujas celebran sus reuniones y rituales.

¿Amigas o amigos?

Rafaelito dejó el libro sobre la mesilla de noche, desperezóse augustamente bañado por los rayos de un sol primaveral, y después de comprobar por el reloj de esmalte azul de la chimenea que eran las doce y media de la mañana, animóse a abandonar la tibieza del lecho.

Todo era especialmente femenino y coquetón en aquella espaciosa alcoba, decorada con exquisita modernidad: la cama turca, recorrida por una piel suntuosa; los frágiles muebles, de maderas claras; el tocador, rebosante de productos de perfumería; los visillos del balcón, de tul plegado, con aplicaciones de encaje; la lámpara, de seda blanca; las cortinas, de florida cretona; la alfombra mullida, y los innumerables *bibelots*[3] repartidos con estratégica elegancia. Aquella estancia, un poco tocada de excentricidad, parecía muy indicada para servir de campo de operaciones a una encumbrada estrella de la galantería, y, sin embargo, no desentonaba en ella Rafaelito Hinojosa de Cebreros, el hijo mayor de los marqueses de Albareda.

Rafaelito confesaba veinte años desde hacía siete, y podía mantener impunemente su afirmación, debido a que la garra del tiempo no había querido profanar la ambigua belleza de su rostro, demasiado delicado de facciones, para no resultar equívoco. El primogénito de los Albaredas era un seudoadolescente blanco y rubio, de ojos intensamente azules, siempre entornados, como sumidos en un sueño voluptuoso; y contribuían a afirmar su feminidad la nariz fina y recta, algo Valois[4], y la boca de labios encendidos y golosos, que mostraban al sonreír dos hileras de dientes impecables.

Rafaelito era un lechuguino[5] de regular estatura, y solíase vestir con tan inconfundible extravagancia, que en más de una ocasión había provocado conflictos callejeros, en todo reñidos con la respetabilidad de sus blasones[6].

Según él, los beocios[7] madrileños patentizaban su incultura, resistiéndose a aceptar como ordenanzas de la moda los pantalones de fuelle, los chalecos absurdos, las camisas de crespón rosa, los zapatos de tacón alto y los gabanes con aplicaciones de piel en el cuello y las mangas.

---

3   *Bibelot*: Del Francés. Figura pequeña de adorno.
4   *Valois*: Es probable que Retana se esté refiriendo aquí a Isabel de Valois (1546-1568), Reina de España y tercera esposa de Felipe II. Los retratos de la época la representan, en efecto, con perfil aristocrático, y «nariz fina y recta».
5   *Lechuguino*: Hombre joven que se compone mucho y sigue rigurosamente la moda.
6   *Blasón*: Cada figura, señal o pieza de las que se ponen en un escudo.
7   *Beocio*: Ignorante, estúpido.

Rafaelito era un seudohombre que, no obstante su odio cordial a las mujeres, vivía exclusivamente de imitarlas y para imitarlas, y desde su más tierna infancia habíanse manifestado en él aquellas tendencias feministas que exasperaban a su hermano menor, Guillermo, verdadera antítesis suya.

A creer a Rafaelito, la primera vez que un ciudadano se permitió favorecerle con tocamientos inesperados, contaría él doce abriles[8], y no protestó porque se hallaba con su madre en un mitin católico; la segunda vez fue un compañero de colegio, en el salón del director, durante la hora de estudio, y se calló porque encontró muy de su gusto las extrañas manipulaciones del interesado. Después, paulatinamente, Rafaelito había ido familiarizándose con todas las variaciones del pecado estéril[9], y cuando el director del Colegio Aristocrático creyó oportuno expulsarle de dicho centro docente por alterador de la moralidad escolar, el hecho no sorprendió ni escandalizó a los marqueses de Albareda, que se limitaron a cambiar entre sí unas miradas de resignación.

—¡Qué desgracia! —exclamó el marqués para sus adentros—. Yo pensaba que tenía un hijo, y resulta que es una hija...

A medida que transcurría el tiempo, Rafaelito, lejos de corregirse, acentuaba su predisposición a confundirse con el sexo que menospreciaba; y los marqueses de Albareda, que al principio pusieron de su parte cuanto humanamente fue posible por rectificar las inclinaciones del monigote[10], concluyeron renunciando a su labor sanadora, y llegó un momento en que hasta celebraron las genialidades del vicioso muñeco.

Rafaelito era lascivo, murmurador e incongruente y hablaba indefectiblemente en femenino. Todo lo mixtificaba, y en sus conversaciones arbitrarias solía involucrar los sexos de las personas más respetables.

Cuando más embebido estaba en su tarea de sacar brillo a las uñas de sus pies con un *polissoir*[11] raptado del *boudoir*[12] materno, oyéronse pasos en el corredor, abrióse la puerta de la estancia con inquietante suavidad e hizo su presentación uno de los amigos más caracterizados de Rafaelito Hinojosa de Cebreros.

Tratábase de Manolo Castilla, antiguo compañero de colegio del primogénito de los Albaredas, y que en el orden moral sustentaba las mismas convicciones del seudoadolescente. Manolo Castilla rebasaba los treinta; pero también conservaba, como Rafaelito, un quebradizo talle de palmera y un rostro de efebo[13] artificial que le permitía restarse años con infantil cinismo.

Manolo Castilla era alto y delgado, de rostro simpático y risueño, maqui-

---

8   *Doce abriles*: Doce años.
9   *El pecado estéril*: Con ese término se designaba durante el siglo XIX y la primera mitad del siglo XX a una serie de «aberraciones» no destinadas a la procreación, como eran, en primer lugar, la homosexualidad, pero también la masturbación y la prostitución.
10 *Monigote*: Muñeco o figura ridícula hecha de trapo o cosa semejante. Retana parece usar la palabra como sinónimo de hombre afeminado o frívolo.
11 *Polissoir*: Del Francés. Lima de uñas.
12 *Boudoir*: Del Francés. Alcoba o estancia privada habitada por una mujer. Con frecuencia, tocador, habitación o gabinete que se emplea para peinarse y arreglarse.
13 *Efebo*: Palabra griega que significa «adolescente». El efebo tiene siempre un aire sexualmente indeterminado o afeminado.

llado certeramente, y vestía con exagerada distinción inglesa. Era llamado entre sus íntimos *la Duquesa*, y no tenía más defecto que el de estar atacado de cleptomanía[14]. *La Duquesa* era maestra en subterfugios, trapisondas[15] y añagazas[16], que irremediablemente conducían a un fin práctico, y para *ella* no existían trucos desconocidos cuando de apoderarse de lo ajeno se trataba. Manolo Castilla hubiera engatusado[17] a Caco[18] mismo; pero sabía efectuar sus latrocinios[19] con una gracia tan particular, que las propias víctimas le perdonaban alegremente las fechorías.

—¡Ah, noble *Duquesa*! —exclamó Rafaelito, abandonando el *polissoir* para arrojarse en brazos del recién llegado—. ¡Querida amiga mía! ¡Cuánto tiempo sin verla! ¡Le digo a usted que ya empezaba a temer que hubiera sido víctima de un horrible secuestro! ¡Permítame que bese ese rostro de querube[20], que da envidia a las rosas!

—Rafaela, por Dios, no seas *loca* —suplicó *la Duquesa,* rechazando las caricias de Albareda—. ¿No ves que me estropeas mi tocado de Pagés? Como sigas dándome esos achuchones te aseguro que abortará.

Luego, descubriendo el ejemplar de *La carne de tablado*[21] que Rafaelito había puesto sobre la mesilla de noche, continuó *la Duquesa:*

—¡Anda! ¡Si la estoy repasando por cuarta vez! Es muy divertida, y sobre todo, los capítulos en que intervienen *locas* son estupendos.

—Pero ¿todavía no habías leído esa novela? —Y continuó en seguida—: Le diré a usted que *La carne de tablado* me resulta bastante más entretenida que esos libros que me recomienda mi horrible padre, de doña Benita Pérez Galdós[22] y de Ricarda León[23]. ¿Sabes lo que también es muy interesante? *El alumno interno,* de la Joaquina Belda[24], y *Las frecuentaciones de Mauricio,* de la Hoyos[25]. A mí las novelas en que salen *leonas* me entusiasman.

---

14   *Cleptomanía*: Tendencia enfermiza al robo.
15   *Trapisonda*: Bulla o riña con voces y acciones.
16   *Añagaza*: Artificio para atraer con engaño.
17   *Engatusar*: Ganar la voluntad de alguien con halagos para conseguir de él algo.
18   *Caco*: Ladrón mitológico griego, mitad hombre y mitad sátiro, citado en *La Eneida*. Por extensión forma popular de referirse a los ladrones.
19   *Latrocinio*: Robo.
20   *Querube*: De «querubín». Angel o espíritu celeste.
21   *La carne de tablado*: Novela de Retana cuyo título completo es *Carne de tablado. Escenas pintorescas de Madrid de noche* (1918).
22   *Benita Pérez Galdós*: Forma burlesca y propia de la retórica gay de referirse a Benito Pérez Galdós (1843-1920), novelista del realismo español, autor, entre otras novelas, de *Doña Perfecta* (1876) y *Fortunata y Jacinta* (1887).
23   *Ricarda León*: Forma burlesca y propia de la retórica gay de referirse a Ricardo León y Román (1877-1943), novelista español, autor de novelas como *El amor de los amores* (1907) y *Humo de rey* (1923).
24   *Joaquina Belda*: Forma burlesca y propia de la retórica gay de referirse a Joaquín Belda (1883-1935), novelista que se dedicó al género erótico. Es autor de novelas como *La Coquito* (1915) y *Tobilleras* (1920).
25   *La Hoyos*: Forma burlesca y propia de la retórica gay de referirse a Antonio de Hoyos y Vinent (1885-1940), periodista y novelista español, que perteneció a la corriente estética del Decadentismo. Autor de novelas eróticas como *La vejez de Heliogábalo* (1912) y *El pecado y la noche* (1913). Era abiertamente homosexual. Más adelante, Retana vuelve a hacer mención de Hoyos y Vinent, con el pseudónimo de «Aurelio de Regoyos», y lo caracteriza como «novelista aristocrático de fama universal».

—A mí me hace poca gracia leer. Prefiero el teatro. Anoche estuve en el Odeón[26] viendo la última obra de Benavente[27]. Por cierto que me aburrió.

—No me choca nada. Le digo a usted que doña Jacinta[28] está en decadencia, y desde que se ha hecho sufragista y cultiva la moral en el teatro está francamente insoportable. No me extrañaría nada que el día menos pensado se retirase a un convento, de abadesa.

—Qué drama más estúpido! –decretó *la Duquesa*–.

¡Y qué mal interpretado! Menos la Paca Morano[29], que hace la protagonista, los demás están para matarlos.

—Pues yo anoche estuve en la Princesa[30] viendo *La calumniada,* de las hermanas Quintero[31]. No me enteré de la comedia, porque me pasé la noche como timándome[32] con una capitana de Caballería que descubrí en un palco; pero mi noble madre me ha dicho que es de lo mejor que han hecho las niñas sevillanas[33].

—¿Qué me dice usted de las hijas del matrimonio Guerrero–Mendoza[34]?

—La mayor no me gusta nada como actriz. Prefiero a la pequeña, aunque resulta demasiado flaca. ¡Pero lleva tan bien el frac[35]!

Hubo una corta pausa para que Manolo Castilla retocara ante el espejo su peinado de Pagés, y en seguida Rafaelito preguntó:

—Bueno, gentil *Duquesa, ¿*se puede saber el motivo de vuestra visita?

—¡Ah! –exclamó *la Duquesa* sonriendo enigmática–. He venido a felicitaros, porque me he enterado de que vuestro amigo el marqués de Villamalo ha salido para Rusia, no sin antes dejaros un presente de cuatro mil pesetas.

---

26 *Odeón*: Teatro madrileño que se inauguró en 1917. Hoy conocido con el nombre de Calderón, es uno de los edificios más bellos del centro de Madrid.

27 *Jacinto Benavente y Martínez* (1866-1954): Uno de los mejores dramaturgos españoles de principios de siglo. Sus obras más importantes incluyen *La malquerida* (1913) y *Los intereses creados* (1916). Gañó el Premio Nobel en 1922. Según muchas fuentes era homosexual. Era un crítico social que se preocupó tanto de la ética y los valores morales como de la estética.

28 *Doña Jacinta*: Aquí, el narrador se está refiriendo otra vez al dramaturgo Jacinto Benavente (véase nota 27).

29 *Paca Morano*: Forma burlesca y propia de la retórica gay de referirse a Francisco Morano (1876-1933), actor madrileño.

30 *La Princesa*: Se refiere al antiguo *Teatro de la Princesa*, inaugurado en Madrid en 1885. Hoy en día, lleva el nombre de *Teatro María Guerrero*.

31 *Las hermanas Quintero*: Forma burlesca de referirse a Serafín Álvarez Quintero (1871-1938) y Joaquín Álvarez Quintero (1873-1944). «Los hermanos Quintero» fueron dos comediógrafos sevillanos, autores de obras como *Las Flores* (1901), *Malvaloca* (1912), y *Mariquilla Terremoto* (1930).

32 *Timarse*: Dicho de los enamorados: Entenderse con la mirada, hacerse guiños.

33 *Las niñas sevillanas*: Se refiere a los hermanos Álvarez Quintero.

34 *Matrimonio Guerrero-Mendoza*: Se refiere al matrimonio de María Ana de Jesús Guerrero Torija (1867- 1928), famosa actriz dramática española, y de Fernando Díaz de Mendoza (1862-1930), aristócrata y actor español con el que María Guerrero estableció su propia compañía teatral. Cuando Retana habla de «las hijas del matrimonio Guerrero-Mendoza» se está refiriendo, en realidad, a sus dos hijos, los actores Luis Fernando Díaz de Mendoza y Guerrero (1897-1942) y Carlos Fernando Díaz de Mendoza y Guerrero (1898- 1960).

35 *Frac*: Vestidura de hombre, que por delante llega hasta la cintura y por detrás tiene dos faldones más o menos anchos y largos.

—Hablad bajo, que no os oiga la servidumbre –recomendó el aristócrata–. El marqués me tenía aburrido porque es un viejo inaguantable, y además, como es amigo de mi familia, se pasaba el día en casa; pero, afortunadamente, el Gobierno le ha encargado de una misión como extraordinaria en el extranjero, y voy a divertirme de lo lindo con la suma que me ha dejado. Miradla, miradla –concluyó Rafaelito, abriendo el armario y sacando una caja de madera olorosa.

El regalo del marqués de Villamalo estaba en tres billetes de mil pesetas, y el resto, de quinientas y de cien. *La Duquesa* contemplaba las cuatro mil pesetas con mirada perversa, satisfecha de ver que no la habían informado equivocadamente y que el truco que proyectaba contra Rafaelito merecía la pena de ser puesto en práctica.

—No necesitaré deciros que como mi familia ignora que poseo este tesoro, digno de competir con el auténtico tesoro de los Nibelungos[36], tengo que andar con unas precauciones horrorosas. Me lo pienso gastar todo en trapos y perfumes. Vos me acompañaréis algunos días a hacer las compras, y os feriaré con algunas fruslerías[37]. ¿Me aceptaréis un corsé? ¿Unos sujeta-pechos? ¿O preferís unas medias de seda?

—¡Qué verdad es que una dicha nunca viene sola! –murmuró la taimada *Duquesa* con acento arrullador[38]–. Sabréis que vuestra felicidad está llamada a aumentar dentro de pocas horas. Tengo que daros una noticia como sensacional. Pero sólo con una condición: que me invitéis a almorzar en el Ritz[39]. Allí, de sobremesa, os revelaré algo que os colmará de legítimo orgullo y de alegría.

—Le digo a usted que esta *Duquesa* es una trucosa rematada –proclamó Rafaelito poniéndose una camisa de seda celeste con rosas amarillas–. No tendré más remedio que convidarla al Ritz. Por más que no sé si nos prohibirán la entrada –añadió frunciendo las cejas con gracioso mohín[40]–. Porque en el Ritz no dejan pasar a las *cocottes*[41] al comedor.

—Anda, grulla[42], anda –recomendó impaciente *la Duquesa,* que mientras Rafaelito peroraba se había incautado diestramente de una barra de carmín, de unos guantes, de una corbata y de unas tijeritas, que sepultó en el bolsillo de su gabán[43]. Ponte tu talma[44] y tu capota y vámonos corriendo a tomar una vistosa carretela. Ardo en deseos de revelarte mi secreto.

---

36 *Nibelungos*: Se refiere a *El anillo de los nibelungos* (*Der Ring des Nibelungen, 1876*), ciclo de cuatro óperas épicas compuesto por el compositor Alemán Richard Wagner (1813-1883). El argumento gira alrededor de un anillo mágico, el cual concede a su dueño el poder de dominar el mundo.
37 *Fruslería*: Cosa de poco valor o entidad.
38 *Arrullador*: De *arrullar*. Hablar de forma seductora para enamorar a alguien.
39 *El Ritz*: Hotel de lujo situado en el centro de Madrid, construido en 1910 bajo el reinado de Alfonso XIII. Sus salones y restaurantes son lugar de cita predilecto de la alta sociedad madrileña.
40 *Mohín*: Mueca o gesto.
41 *Cocotte*: Mujer promíscua. Prostituta de lujo.
42 *Grulla*: Ave zancuda. En este contexto, apelativo cariñoso dirigido a un homosexual.
43 *Gabán*: Abrigo.
44 *Talma*: Abrigo sin mangas.

—Guay y Paraguay[45] de tí, *Duquesa,* como luego me defraudes. Sería capaz de no pagar el almuerzo.

—Celebro que me lo hayas advertido –confesó Manolo Castilla–, porque así no os diré una palabra hasta que hayáis satisfecho la cuenta.

—¡Vos no sois una noble *Duquesa!* –chilló Rafaelito, poniéndose una toca de fieltro gris, adornada en la parte posterior con una plumita de faisán–. Vos sois una mala *cocotte,* que abusa de sus buenas amigas.

—Callad, callad –interrumpió *la Duquesa.* Ya sabéis que nadie os quiere mejor que yo. No en balde[46] hemos estudiado juntas en las *Ursulinas*[47] cuando teníamos diez años cada una y llevábamos trenza y moño bajo.

—Me acuerdo perfectamente –afirmó Rafaelito–. ¡Hace cinco años de esto!

El criado de los Albareda turbó el edificante diálogo para preguntar al seudo-adolescente:

—La señora marquesa desea saber si el señorito Rafael piensa almorzar en casa.

—Dígale usted a mamá que no; que voy a ir al Ritz con el señorito Manolo.

Y cinco minutos después *la Duquesa* y Rafaelito abandonaban el palacio señorial de los Albareda con rumbo al Hotel Ritz.

---

45 *Guay y Paraguay*: Expresión antigua; también «Guay del Paraguay». Manera sarcástica de decir «guay»: muy bueno, estupendo.
46 *No en balde*: No en vano.
47 *Las Ursulinas*: La Compañía de las Ursulinas, fundada por la religiosa italiana Angela de Mérici (1474-1540) es la primera orden religiosa de mujeres dedicada primordialmente a la enseñanza. También las niñas españolas estudiaban con las Ursulinas.

¡Ay, Jesús, cómo está el patio!

II

Rafaelito Albareda y Manolo Castilla habíanse colocado en una mesa en el extremo del grill, enfrente del espejo, que les permitía comprobar de cuando en cuando que el nudo de la corbata seguía irreprochable y que el maquillaje de la cara continuaba sin descomponerse.

Manolo Castilla tenía debilidad por los polvos *Morisca*[48], que prestaban a sus mejillas una tonalidad anaranjada de gitana del Albaicín[49]; la barra azul, que le creaba unas ojeras insinuantes, y el carmín, que tornaba su boca en una ardiente fresa partida por gala en dos.

Rafaelito Albareda, por el contrario, prefería una inquietante palidez que le hiciese confundible con la auténtica *Dama de las Camelias*[50], de Alejandro Dumas[51], en los últimos capítulos de la obra; y a fuerza de crema blanca y polvos, convertía su rostro en una máscara pierrotesca[52]; sin más color que el azul intenso de las pupilas y el rojo encendido de los labios. Así como Castilla cifraba su empeño en aparentar salud y alegría, Rafaelito se esforzaba por adquirir un aire enfermizo que, según él, era más chic y cautivador que el aspecto de pepona[53] de treinta céntimos que caracterizaba a *la Duquesa*.

Los amigos habían asaltado una vistosa carretela abierta, que por la razonable suma de una peseta cincuenta céntimos –propina incluida– los había trasladado del palacio de los Albareda a la puerta del Hotel Ritz, atravesando las calles del Barquillo, Alcalá y paseo del Prado. Por cierto que al cruzar la Cibeles, de un grupo de chiquillos del pueblo que divisaron a la llamativa pareja partieron algunas exclamaciones sumamente expresivas.

—¡Apio!
—¡Escarola!
—¡Brecolera!

---

48 *Polvos Morisca*: Una marca popular de maquillaje, Myrurgia vendía polvos bajo este nombre; su eslogan en los anuncios era «polvos perfumados con maderas de oriente.»
49 *Albaicín*: O *Albayzín*. Antiguo distrito árabe de Granada.
50 *Dama de las Camelias*: Novela de Alexandre Dumas (1802-1870) publicada en 1848. La escena final es el entierro de la protagonista, una cortesana llamada Margarita Gautier, objeto de la obsesión de su amante, Armando Duval. La ópera *La Traviata* (1880) de Giuseppe Verdi (1813-1901) se basó en esta novela.
51 *Alexandre Dumas* (1802-1870): Novelista y dramaturgo francés, autor de *El conde de Montecristo* (1846). Se dice que fue el introductor del Romanticismo en el teatro francés.
52 *Pierrotesca*: De *pierrot*. Persona cuyo vestido en un espectáculo o fiesta remeda el de Pierrot, personaje de la comedia del arte, que llevaba amplio traje blanco con grandes botones y gorguera.
53 *Pepona*: Muñeca grande de cartón, que servía de juguete a las niñas.

Rafaelito y Manolo se miraron gravemente y, pasada la lluvia de apóstrofes, inquirió el aristócrata:

—¿Has oído? ¡Han dicho apio!...

—Sí —contestó Manolo—; debe de ser por el cochero.

—Indudablemente —dijo Rafaelito—. Por nosotros no iba a ser, puesto que no podemos ir más serios. Tú llevas un traje *tailleur* azul porcelana que no tiene nada de provocativo, y mi manteleta de pieles tampoco es para llamar la atención. ¡Como no les hayan sobresaltado nuestros chapines[54]!...

—Desengáñate —interrumpió Manolo alocándose de improviso—. ¡Es que no puede ser! Estos hombres del pueblo, cuando ven a las damas del gran mundo se sienten bolcheviquis[55]. ¡Somos demasiado jóvenes y hermosas para pasar inadvertidas!

—Tenéis razón, noble *Duquesa*. Debemos despreciar los alaridos de la chusma[56] encanallada. Nuestra tranquilidad no puede estar a merced de unos plebeyos tumultuosos.

Mientras almorzaban, Rafaelito y Manolo pasaron revista a la concurrencia[57] del grill, que aquella mañana no ofrecía complicaciones, y descartada la hipótesis de una posible inteligencia con cualquiera de los presentes, todos de un exterior tan honorable que exasperó a los dos amigos, *la Duquesa* expuso a Albareda su secreto:

—He descubierto hace tres noches un muchacho riquísimo.

—¿Riquísimo? ¿En qué sentido?

—En los dos —afirmó *la Duquesa*—. Trabé conocimiento con él durante la función de Romea[58], y quedamos citados para el día siguiente en mi casa. Le di un té fantástico, y me elogió mi cuarto como mucho. Y ahora llega lo interesante: figuraos cuál no sería mi asombro al ver que ese joven coge un retrato vuestro, lo examina de arriba abajo y empieza a hacer unos elogios de vos que me dejaron como turulata[59]. Me preguntó quién erais y si vuestra belleza respondía a la que reflejaba el retrato, y al contestarle yo que sí, me manifestó francamente su deseo de que le presentara a vos.

—¿Qué me decís, *Duquesa*? ¿No querréis embromarme?

—Linda amiga, os juro que habéis despertado una pasión como irresistible en uno de los mancebos más apetitosos de Madrid.

—¡Ay, *Duquesa*! No me lo repitáis, porque me volveré más loca de lo que estoy. Oye, ¿es rubio o moreno?

—Castaño; pero tiene unos ojos verdes que ríete de los de Pastora Im-

---

54　*Chapín*: Chanclo de corcho, forrado de cordobán, muy usado en los siglos XV al XVII por las mujeres.
55　*Bolcheviqui*: De *Bolchevique*. Se dice del miembro de la facción mayoritaria y más radical del partido socialdemócrata ruso, a partir de 1903.
56　*Chusma*: Muchedumbre de gente vulgar.
57　*Concurrencia*: Conjunto de personas que asisten a un acto o reunión.
58　*Romea*: Se refiere al *Teatro Romea*, de Madrid, fundado en 1882, en homenaje al actor Julián Romea. El teatro se hizo famoso gracias a las representaciones de géneros frívolos, como el cuplé, la revista, y la comedia musical. Por él desfilaron grandes estrellas, como Concha Piquer, Celia Gámez e Imperio Argentina.
59　*Turulato*: Alelado, estupefacto.

perio[60]. Es más alto que yo, sólo que con una facha[61] de hombre estupenda. Me ha dicho que es argentino, y vive en el Palace[62] con un *postín*[63] enorme. Te digo que es una verdadera *trouvaille*[64].

—Esta noticia vale, no ya un almuerzo en el Ritz, sino una comida en Palacio, con los Reyes y todo el Cuerpo diplomático. Le digo a usted que cuando lleguemos a casa le regalaré la corbata que más le agrade.

—Gracias, gentil amiga. No esperaba menos de vos. Siempre vivió con grandeza quien hecha a grandeza está. No en balde sois la *cocotte* aristocrática más renombrada de la villa. ¡Qué bien haría la gente en llamaros la *Emperatriz*!

Luego, exaltado por excesivas libaciones[65], prosiguió Manolo:

—¡Veros es amaros! Sois la criatura más generosa que he conocido en los veintidós años que confieso de vida. Si no estuviéramos en el Ritz me levantaría ahora mismo y os haría un saludo como de corte. Pero cuando lleguemos a vuestra casa–palacio depositaré un casto beso de amiga agradecida sobre ese rostro, que no se sabe si es de nácar o marfil, si es una rosa de Alejandría[66] o la manzana que tentó a Eva.

—*Duquesa,* ¡no os excedáis!...

—Por cierto que me han dicho que el jardinero mayor de la villa piensa rogaros que os abstengáis de pasear por los jardines públicos para que las palmeras no se mustien, envidiosas de la flexibilidad y gentileza de vuestro talle. Lo cual no me sorprende nada, porque también sé que los joyeros de Madrid van a pediros que no os detengáis ante sus escaparates, porque las perlas tienen como celos de vuestros dientes, los rubíes se obscurecen ante el rojor de vuestros labios y los zafiros pierden como brillo, eclipsados por vuestros ojos.

Concluida su madrigalesca[67] perorata[68], Manolo Castilla, que había mondado un plátano, lo mordisqueó graciosamente, no sin antes decir, contemplando la fruta:

—¡Qué vergüenza da!...

---

60 *Pastora Imperio*: Nombre artístico de Pastora Rojas Monje (1889-1979). Famosa cantante y bailadora española de ojos grandes y negros.
61 *Facha*: Traza, figura, aspecto.
62 *Palace*: *Palace Hotel*. Uno de los hoteles más lujosos de Madrid. Fue construido en 1911 en el lugar donde antes se hallaba el palacio del Conde y la Condesa de Medinaceli. Punto de encuentro de las elites, con varias salas de música y baile.
63 *Postín*: Riqueza, elegancia. *Darse postín*: Darse importancia, hacerse el elegante.
64 *Trouvaille*: Del Francés. Descubrimiento dichoso.
65 *Libación*: Degustación de una bebida, generalmente alcohólica.
66 *Rosa de Alejandría*: Variedad de rosa oriental; su nombre científico es rosa damascena. Las flores son de color rosa y muy perfumadas.
67 *Madrigalesco*: De *madrigal*. Poema breve, generalmente de tema amoroso, en que se combinan versos de siete y de once sílabas.
68 *Perorata*: Discurso molesto o inoportuno.

Álvaro Retana. *La confesión de la Duquesa*. Madrid: Colección *La novela de Hoy*, 1923. (Dibujo de Antonio Juez).

Los malditos hombres
III

En el gran comedor Renacimiento del palacio de los marqueses de Albareda, Rafaelito intentaba bailar el *Tabaquiño*[69], mientras sonaba un disco del gramófono. Serían las tres y media de la tarde, y Rafaelito, aprovechando la ausencia de su familia, con idea de «hacer tiempo» hasta las cinco, hora en que esperaba a Manolo Castilla, que vendría acompañado del argentino misterioso, se había enjaezado con una bata de su noble madre, y al compás de la música se cimbreaba[70] convulsivamente, con esos movimientos epilépticos característicos de la danza de moda.

Estaba en la espaciosa estancia sin otra compañía que *Belmonte,* el diminuto perro grifón, que exacerbado por la agitación coreográfica de Rafaelito, ladraba furiosamente y dificultaba el ensayo mordiendo de la cola de la bata con tal insistencia, que obligaba a exclamar al aristócrata:

—¡Esta maldita perra no me deja bailar!...

En el momento en que Rafaelito danzaba con la misma unción religiosa que David ante el Arca de la Alianza[71], cuatro brazos amigos le rodearon, interrumpiendo el culto a Terpsícore[72]. Tratábase de Manolo Castilla y Luisito Moran, que le abrazaban jovialmente y preguntaban intrigados:

—Pero ¿qué *toilette* es ésta, joven amiga?

—¿Qué significan esta bata y estos horribles saltos? ¿Estás haciendo gimnasia?

—Dejadme, por favor –suplicó Rafaelito–. Estaba ensayando el *Tabaquiño.* Cuando termine el disco seré con vosotros. Y prosiguió balanceando incansable la torneada grupa[73], mientras Manolo cotorreaba con Morán.

Luisito, más conocido por el sobrenombre de *la Poderosa,* contaría veinticinco años, y era un muchacho arrogantísimo, de facciones correctas y severa elegancia. Pertenecía a una aristocrática familia sevillana, y si bien ante el

---

69 *Tabaquiño*: Mandolina brasileña y el baile alegre (normalmente, una samba o una cumbia) que lo acompaña.

70 *Cimbrear*: De *cimbrar*. Mover con garbo y gracia el cuerpo al andar.

71 *Arca de la Alianza*: Según la tradición judeocristiana, el arca era un objeto sagrado que guardaba las tablas de piedra que contenían los Diez Mandamientos, entre otras reliquias; simbolizaba el pacto entre Dios y el pueblo judío. La Biblia cuenta que el Rey David y todo Israel bailaron y cantaron alegremente frente al arca después de trasladarlo a Jerusalén.

72 *Terpsícore*: Una de las nueve musas de la mitología griega; 'La que deleita en la danza.' Musa del baile y del canto coral.

73 *Grupa*: Ancas de caballería. En este contexto, «torneada grupa» viene a significar «trasero redondo y bien formado».

mundo observaba una conducta irreprochable, cuando se hallaba a solas con amigos de aficiones irregulares patentizaba una locura que daba quince y raya[74] a la de los afeminados más audaces. Luisito poseía un excelente corazón, era locuaz y dadivoso y estaba obsesionado a tal extremo por el arte de Raquel Meller[75] y La Argentinita[76], que solía amenizar las reuniones equívocas imitando a ambas *divettes,* y cantaba *El relicario* y *Mala entraña*[77] con semblante entristecido, y luego se marcaba unas bulerías[78] flamencas tan jocundas, como pudiera hacerlo su auténtica creadora.

Manolo Castilla había tramado un plan para proveerse de dinero a costa de Rafaelito, y necesitaba un cómplice para el buen resultado de su truco; pero como era tan ansioso, eludía aliarse con nadie, para no verse en la precisión de repartir el botín. Después de debatirse en pintorescas vacilaciones, *la Duquesa* tuvo una idea luminosa y genial: recurrir a *la Poderosa,* «mujer boba e irreflexiva», en su opinión, que inconscientemente favorecería el despojo fraguado, sin adquirir ningún derecho a disfrutar del producto de la rapiña.

A este efecto, *la Duquesa* había manifestado secretamente a *la Poderosa* que aquella tarde iba a tomar el té en casa de Rafaelito Cebreros un confortable y munificente[79] argentino, cuya conquista no parecía imposible y que, dados los atractivos de Morán y su gracejo interpretando el repertorio de Raquel y La Argentinita, podría muy bien granjearse la simpatía del desprendido mancebo destinado a Rafaelito.

Luisito, que andaba escaso de dinero, debido a que su amante oficial, *la Pompeyana,* una cancionista con pretensiones de estrella, le obligaba a constantes dispendios, estimó conveniente presentarse en casa de su amigo, con la caritativa idea de incautarse de la voluntad del nabab[80] argentino.

Cuando Rafael dio por terminada su labor coreográfica, Manolo Castilla advirtió:

—No pensaba haber venido hasta las cinco; pero me he encontrado en la calle con *la Poderosa,* y le he propuesto que viniese a pasar la tarde con nosotros y el argentino.

—Y yo, encantado –afirmó Luis Morán–. Así tendré el gusto de saludar a ese rico mancebo, que se dice se ha enamorado de ti.

—¿No me lo quitarás? –inquirió Rafaelito.

—¿Quién, yo? No, hija –respondió Luisito–. Desde que estoy con *la Pompeyana* me he retirado de estas cosas. Ahora me he puesto *en hombre.*

---

74 *Dar quince y raya a alguien*: Excederle mucho en cualquier habilidad o mérito. Del juego de pelota vasca, ventaja que un jugador superior da a otro inferior.
75 *Raquel Meller* (1888-1962): Cantante, actriz y cupletista española; uno de los mitos de la canción popular. Hizo famosos dos cuplés en particular, *La violetera* y *El relicario.*
76 *La Argentinita*: Encarnación López Júlvez (1898-1945), bailarina e hija de padres españoles, nacida en Buenos Aires. Colaboró con escritores de la época, como Federico García Lorca, Edgar Neville, Rafael Alberti, e Ignacio Sánchez Mejías, el «intelectual torero» que fue su amante. De ella existe un magnífico retrato por Julio Romero de Torres.
77 *Mala entraña*: Tango compuesto por el compositor español Enrique Maciel en 1927, con letra de Celedonio Flores.
78 *Bulerías*: Cante popular andaluz de ritmo vivo que se acompaña con palmoteo.
79 *Munificente*: Generoso.
80 *Nabab*: Del árabe. Hombre sumamente rico.

—Y te toman en serio? —preguntó Rafael.
—¿Por qué no me van a tomar? —dijo Luis encrespado—. ¡Yo soy muy tío y me gustan a rabiar las mujeres! ¡Yo no soy sospechoso! ¡Yo no soy *loca*! ¡Yo tengo muy buena fama y nadie tiene que decir una palabra de mí! ¡Yo soy muy serio y no me trato más que con personas honorables! ¡Además, ahí está mi querida, que puede atestiguar lo *muy hombre* que soy!

En seguida, insensiblemente, Luisito Moran apoderóse del mantón de Manila[81] antiguo que cubría el gramófono, y envolviéndose en él empezó a pasear por el comedor cantando febrilmente: *Tierno capullo de rosa todos me llaman a mí, por mi carita serrana, por mi cuerpo tan gentil.*

Manolo Castilla, deslizando con disimulo en el bolsillo de su americana un salero de plata que atrapó del aparador, dijo a Rafaelito:

—Hemos visto a tu hermano Guillermo en la plaza del Rey.

—No me habléis de él —rugió Rafaelito—. Esta mañana me ha armado un escandalazo, y si me descuido me pega.

—Siempre dije yo que tu hermana Guillermina saldría un marimacho[82] —aseguró *la Duquesa*.

—¡No os podéis imaginar la de indecencias que me ha dicho! ¡Parecía un carretero beodo[83]!

—¡Qué falta de respeto! —dijo Castilla—. ¡Insultar a su hermana mayor! Ya podía tener en cuenta que eres soltera.

—¿Y por qué ha sido el bochinche[84]? —interrogó *la Poderosa*, ensayando ante el espejo una actitud de garrotín[85].

—Porque he perdido a Toby, nuestro perro-policía. Ayer salí con él al Retiro, y yo no sé lo que pasaría; pero el caso es que mientras cotilleaba con una cadeta de Artillería desapareció, y no me fue posible dar con él. Os participo que era un animal inteligentísimo, mejorando lo presente. Le dabas a oler el pañuelo de una persona que estuviese a diez kilómetros de distancia, y la encontraba infaliblemente. Ahora iba mi hermano Guillermo a una agencia de publicidad para ver si aparece.

—También hemos visto a Gorito y a Eduardo, que iban de palique[86] con *la Ballenilla* —continuó Manolo—, y no pudimos por menos de acercarnos para saber las últimas novedades del mundo de las *locas*.

—Contad, contad, noble *Duquesa* —ordenó Rafaelito, despojándose de la bata materna, que arrojó sobre una silla.

—A José María Andrés le ha salido un amigo que le ha convidado a pasar la Semana Santa en Sevilla, y además le ha regalado un caballo.

---

81 *Mantón de Manila*: Un mantón es un pañuelo grande con flecos que se echa sobre los hombros de las mujeres. Los mantones de Manila, vestimenta típica de la española castiza, son mantones de seda y cubiertos de bordados de vistosos colores, normalmente originarios de la China.
82 *Marimacho*: Mujer que en su corpulencia o acciones parece hombre.
83 *Carretero beodo*: Embriagado o borracho que dice palabras groseras. Se dice de alguien que «habla como un carretero» cuando utiliza a menudo palabras y frases malsonantes.
84 *Bochinche*: Tumulto, barullo, alboroto, asonada.
85 *Garrotín*: Cierto baile y cante gitano o flamenco.
86 *Palique*: Conversación de poca importancia.

—Pues entonces –interrumpió Rafaelito– habrá que escribirle un anónimo, firmado con las iniciales de la Mazona, diciéndole que el ojo del amo engorda al caballo[87].

—¡Ah! Nos hemos enterado de que Julián Garamendi está preparando un baile de trajes para el domingo de Carnaval, y se ha encargado en casa de la Antoine un traje de bayadera[88] dibujado por la Zamora[89].

—A propósito de trapos –interrumpió Rafaelito–. Voy a enseñaros una enagua[90] de seda blanca que he hurtado a mi noble madre. Me voy a hacer con ella una camisa de dormir que va a quitar la cabeza.

—Esta mala mujer –gruñó Manolo Castilla al oído de *la Poderosa*– sólo piensa en proveerse de cebos para atrapar a los malditos hombres.

—En lo cual hace perfectamente –aseguró *la Poderosa*–. Después de todo, los malditos hombres es lo que únicamente cabe tomar en serio en esta vida.

—¡Ay, no me habléis de ciertas cosas, porque me ofusco!...

Mientras el primogénito de los Albareda corría a su alcoba en busca de la citada prenda, *la Poderosa* púsose a bailar la rumba con delirante frenesí, y Manolo Castilla aprovechó la ausencia del uno y la distracción del otro para adueñarse de un cenicero de metal, un cuchillo de postre y una cajita de pastillas Valda[91].

---

87   *El ojo del amo engorda al caballo*: Refrán popular. Se refiere al cuidado que debe poner quien tiene un negocio en la vigilancia de sus asuntos.
88   *Bayadera*: Bailarina y cantante hindú, dedicada a intervenir en las funciones religiosas o sólo a divertir a la gente con sus danzas o cantos.
89   *La Zamora*: Forma burlesca de referirse a «Pepito» José de Zamora (1899-1971). Figurinista y dibujante que empleó el estilo Art Decó en sus ilustraciones y reproducciones de la vida frívola. En Paris, conoció a Coco Chanel, Colette, y a la famosa bailarina Josephine Baker. La moda es un aspecto importante en sus retratos de mujeres estilizadas y elegantemente vestidas. Fue compañero de colegio de Álvaro Retana y gran amigo suyo. Ambos se paseaban por las calles de Madrid elegantemente ataviados y maquillados. Se codeaba igualmente con el escritor y aristocráta Antonio de Hoyos y Vinent, otro intelectual *gay* afamado de su tiempo. Más adelante, Retana apodará a José Zamora «Pepito Rocamora», y lo describirá como «el joven dibujante de elegancias femeninas».
90   *Enagua, o Enaguas*: Prenda interior femenina, similar a una falda y que se lleva debajo de esta.
91   *Pastillas Valda*: Marca conocida de pastillas de menta, que vienen en cajitas metálicas redondas.

El tesoro de los Nibelungos

IV

Cuando Rafaelito volvió de su gabinete, portador de las enaguas de seda escamoteadas a la perilustre[92] coautora de sus días, tanto *la Poderosa* como *la Duquesa* prorrumpieron en extremadas manifestaciones de entusiasmo.

—¡Magníficas enaguas! –decretó Castilla–. Le digo a usted que me placen como mucho. La *véritable* María Antonieta[93] no las hubiera llevado mejores en su *trousseau*[94] de boda.

—¿Y dices que te vas a hacer una camisa? –preguntó *la Poderosa*.

—Eso pienso –afirmó Rafaelito–. Y seguramente la estrenará con un precioso traje de gabardina que me está concluyendo mi modista.

—Me habían dicho que te habías enfadado con ella por una indiscreción de su botones[95].

—Te han informado mal. El botones de mi modista está lo suficientemente civilizado para no provocar incidentes con la clientela. Lo sucedido fue que un ordenanza inexperto, recién llegado de provincias, que vino a entregarme el *smoking*, me encontró de muy buen humor y supuso que yo trataba de... invitarle al vals; pero, afortunadamente, tuvimos una explicación, le largué diez y seis pesetas, y todo se salvó; hasta mi honor, que ya lo daba por perdido.

—No necesita usted sincerarse con nosotras –interrumpió *la Duquesa*–, porque ya sabemos que no le gustan los plebeyos. Nos consta que la debilidad de usted son los señoritos. En cambio, yo no puedo soportarlos. El que más y el que menos es un sinvergüenza, que lo que quieren es explotarle a una, y luego, a la hora de la verdad, le sueltan a usted cada pufo[96] como para morirse de asquito.

—*Duquesa*–dijo Rafael–. ¡Cómo se nota que vos sois democrática y simpatizáis con la clase baja!

—Porque es donde se encuentran los verdaderos hombres de la raza: her-

---

92 *Perilustre*: Muy ilustre.
93 *María Antonieta*: Marie Antoinette (1755-1793). Esposa del rey francés Louis XVI, Famosa por su ropa, joyas y estilo de vida sumamente lujosos. Murió aguillotinada en 1792, durante la Revolución francesa.
94 *Trousseau*: Del Francés. Ajuar, conjunto de muebles, alhajas y ropas que aporta la mujer al matrimonio.
95 *Botones*: Joven encargado de los recados en un hotel o empresa, llamado así por las dos filas de botones que suele llevar su chaqueta.
96 *Pufo*: Estafa, engaño.

mosos, resistentes... y económicos. Hace dos días estuve en casa de Miranda, de palique con un organillero[97] que quitaba la cabeza. Tenía el mismo tipo de Vicente Pastor[98], y unos ojazos negros del tamaño de dos cajas de betún. De lo otro no me atrevo a dar detalles para no alargaros los dientes. No os digo más sino que algo tendrá el tal mocito cuando le llaman en su barrio *el Destructor*. Bueno; pues a lo que íbamos. Pasé con él una hora que me parecieron siete, y al marcharme, porque le di dos duros [99]creyó que le venía Dios a ver. ¿Dónde vas a encontrar tú por diez pesetas un señorito de *postín*? Y a fin de cuentas, ¿crees tú que te haría el mismo servicio?

—Estoy con *la Duquesa* —reconoció Luisito–. Donde esté un chulo[100] bien plantado, como *el Chinorris, el Fantástico* o *el Pirindola,* que se quiten los señoritos. Yo ya me he retirado de esta vida; pero conservo de cuando andaba por el mundo unos retratos de chulos al natural que habría que ser de piedra para no impresionarse.

—¡Serás capaz de haberlos retratado tú mismo! —exclamó Rafael.

—¡Naturalmente! —contestó *la Poderosa*–. Antes y después... del chocolate de Matías López[101]. Y bien que se nota en las fotografías.

—¡Ya pudiste haber avisado el día que las hiciste, mala mujer! —gruñó *la Duquesa* en tono de reconvención.

—Cuando vayas a casa te las enseñaré —prometió *la Poderosa*.

—¡Bah! ¡Bah! —repitió la *Duquesa*–. ¡Bastante me importa a mí ver un pastel riquísimo en un escaparate!...

—A propósito de pasteles —interrumpió Rafaelito–. ¿Sabéis, nobles amigas, que siento como hambre? ¿Por qué no os marcháis ya, simpática *Duquesa,* en busca del argentino, y os traéis de paso la merienda de Toumié[102]? Podéis gastar hasta quince pesetas en tartas, sándwiches y bombones. Cuando volváis yo os abonaré lo que sea. Podéis tomar un coche, que también os será como pagado.

La Duquesa vio el cielo abierto con aquella proposición, que adelantaba los acontecimientos, y después de estrechar la mano de los dos amigos, salió del comedor, ofreciendo volver inmediatamente.

Pero la satánica *Duquesa,* en lugar de marcharse directamente a la calle, lo que hizo fue ganar el pasillo, y pisando su ruido, introducirse en el gabinete del dueño de la casa.

---

97 *Organillero*: Persona que toca el organillo, pequeño piano portátil que se hace sonar por medio de un cilindro con púas movido por un manubrio o manivela. Los organilleros pertenecen al folklore popular madrileño.

98 *Vicente Pastor y Durán* (1879-1966): Matador español, conocido por su valor, seriedad, honor y sobriedad, y por su gran éxito en el toreo.

99 *Duro*: Moneda de cinco pesetas.

100 *Chulo*: Individuo de las clases populares de Madrid, que se distinguía por cierta afectación y guapeza en el traje y en el modo de conducirse. También, hombre que trafica con prostitutas y vive de ellas.

101 *Chocolates Matías Lopez*: Empresa española, productora de chocolates que se inició en 1855.

102 *Toumié*: Nombre de un restaurante madrileño.

Y mientras Rafaelito y Luis Morán, al compás del gramófono, bailaban un desenfrenado *galop*[103], la atrevida *Duquesa* abrió tranquilamente el armario del aristócrata, cogió un billete de mil pesetas perteneciente al tesoro digno de competir con el auténtico tesoro de los *Nibelungos,* y se lanzó a la calle rebosante de gozo, viendo que la parte culminante de su proyecto había tenido tan feliz realización.

---

103 *Galop*: De *galóp*. Danza húngara.

Álvaro Retana. *Flor del mal*. Madrid: Colección *La novela de hoy*, 1924. (Dibujo de Guillén).

Coloquio versallesco

V

—¿Dices que ese argentino es millonario? —interrogó *la Poderosa*, abandonándose en el diván del comedor Renacimiento, agobiada por los efectos del galop.
—Eso asegura *la Duquesa* —contestó Rafaelito.
—Pues chica, es cosa de felicitarte. Espero que me feries[104] si le atrapas. Por más que —prosiguió tras una pausa corta—, si he de decirte la verdad, no te encuentro vestida como para flechar[105] a nadie.
—¿Cómo quieres que le reciba?
—En una forma algo fantástica. Por ejemplo: como recibí a un soldado de la Escolta Real, muy serio, a quien yo quería embrollar.
—¿Cómo le recibiste?
—Completamente desnudo y envuelto en un mantón de Manila.
—¿Sabes que has tenido una gran idea? —exclamó Rafaelito palmoteando—; anda, ayúdame a darlos esa sorpresa.

La Poderosa, «mujer boba e irreflexiva» en opinión de Manolo Castilla, había fraguado aquel atavío en un momento de lucidez, para que apareciese más ostensible la delgadez excesiva de Rafaelito y el argentino se desanimara.

A la par que ayudaba a Rafael a despojarse de sus ropas y le ceñía al cuerpo el mantón de Manila con tan perverso desacierto que el aristócrata parecía una corista escuálida de una revista del Hotel, *la Poderosa* reveló a Albareda:

—No te puedes imaginar lo que nos hemos reído con Gorito y Abelardo. Figúrate que han puesto un estudio a medias en la calle de Sagasta para llevar a sus conquistas, y los vecinos se han quejado al administrador porque se pasan el día recibiendo a niños pequeños que, cuando se marchan, se llevan los felpudos[106] de los pisos, escondidos debajo de los gabanes. La portera les ha preguntado con guasa[107] que si tenían colegio, y el dueño de la finca les ha anunciado que como no se acabe ese desfile de niños de doce años, avisará a la policía. Y los pobres están desesperados, porque después de haberse gastado no sé cuánto dinero en instalar el estudio, ahora tienen que mudarse o renunciar a la corrupción de menores. Los hemos encontrado peleándose por saber cuál de los dos tenía más *ángel*[108] para... divertir a los chiquillos, y

---

104 *Feriar*: *Dar ferias*: Regalar.
105 *Flechar*: Inspirar amor, cautivar los sentidos repentinamente.
106 *Felpudo*: Estera gruesa y afelpada que se usa principalmente en la entrada de las casas a modo de limpiabarros, o para pasillos de mucho tránsito.
107 *Guasa*: Chanza, burla.

querían que *Ballenilla* fuese árbitro. ¿Qué te parece?

—No me explico que haya gentes que les gusten los niños pequeños para ciertas cosas —confesó Rafaelito.

—De acuerdo –asintió Luis Morán–. Pero, sin embargo, abundan que es un horror. ¡Cada día que pasa me convenzo más de lo extendido que está esto! Hoy torea todo el mundo, y hay chapuzas[109] para todos los gustos.

—¡Y ojalá sigamos así mucho tiempo!

—Anteayer iba yo muy tranquilo en un tranvía de Hortaleza[110] junto a un sacerdote, al parecer muy respetable, y en la Calle de Augusto Figueroa me tuve que bajar escandalizado.

—¿Escandalizado tú? ¿Por qué? –preguntó Rafaelito, curioso.

—Pues muy sencillo: porque aquel sacerdote me resultó una monja, ... francamente, como la gente de la Iglesia no me excita, preferí apearme a darme por enterado.

—Le digo a usted que hizo muy mal. Yo tuve amistad hace años con cierto canónigo, y, la verdad sea dicha, era bastante más ardiente que muchos seglares.

Me obsequió con unas casullas[111] antiguas para que me hiciese almohadones, y el día de mi cumpleaños me regaló una sortija bendecida por el Papa, que realizó como un milagro.

—¿Un milagro en el siglo XX?

—Sí –contestó Rafael–. A los pocos días hice las paces con Alberto, lo cual consideraba yo imposible. Y, mira, puede que sea casualidad; pero lo cierto es que una tarde vendí esa sortija para ir a ver torear a la Juana Belmonte[112], y aquella misma tarde volví a pelearme con Alberto. Y no ha habido manera de reconciliarnos.

—Ahora anda muy colado[113] con la Almadreña menor —observó *la Poderosa*.

—Ya lo sé; pero no le da ni la cuarta parte de lo que me daba a mí. Cuando estábamos en buena armonía, había meses que me pasaba quinientas pesetas, y aparte regalos y convites.

—Ya han cambiado tanto las cosas —suspiró Luisito—, que hay que dedicarse a las mujeres para sacar dinero. Hoy no se encuentra un *michet*[114] de rumbo ni buscándolo en aeroplano.

—¡Por eso espero a ese argentino que nos va a presentar *la Duquesa* como esperaban los judíos al maná salvador!

—Procura no dejarte dominar de la primera impresión, no vaya a ser que

---

108 *Tener ángel*: Tener gracia, simpatía, encanto.
109 *Chapuza*: Obra o labor de poca importancia.
110 *Hortaleza*: Uno de los veintiún distritos de Madrid, situado al noreste del municipio.
111 *Casulla*: Vestidura que se pone el sacerdote sobre las demás para celebrar la misa, consistente en una pieza alargada, con una abertura en el centro para pasar la cabeza.
112 *Juan Belmonte García* (1892-1962): Torero español, considerado por muchos como el mejor matador de todos los tiempos.
113 *Andar colado*: Estar enamorado.
114 *Michet*: Del Francés. Cliente de una prostituta.

ese argentino te haga algún truco.

—¿Trucos a mí? —rugió Rafaelito, irguiéndose, sobre el suelo como una serpiente hostigada—. A mí no hay quien se atreva a hacerme un truco.

—Todas las *locas* sois iguales —decretó *la Poderosa*—. Presumís de avispadas[115], y luego os embauca[116] el primero que se lo propone, como le ha sucedido a Julián Garamendi.

—¿Qué le ha pasado a Garamendi? —demandó Rafaelito.

—Casi nada. Que se hizo muy amigo de un joven inverosímil, a quien llaman por ahí *el falso Cimera,* con el exclusivo objeto de conducirle al catre[117], y resulta que quien ha salido embrollado ha sido el pobre Julián, que lleva no sé cuánto tiempo pagándole a ese joven toda clase de gastos, desde cuentas de trapos en casa de Cid[118] hasta cajetillas de 0,80, sin resultado positivo. Y lo más curioso es que *la Juliana,* en vez de desengañarse y comprender que ese Cimera de camelo lo que hace es abusar de su buena fe y explotar la pasión que sabe ha inspirado, cada día está más emberrenchinada[119] con él, y ha dejado de saludar a todas sus amigas locas, porque el Cimera de guardarropía se lo ha prohibido terminantemente. Por cierto que tío comprendo ese odio que profesa el Cimera de *doublé* a las locas, cuando gracias a una loca viste, triunfa y se pasea todas las tardes por la Castellana en un horrible simón[120].

—¡Cómo se nota que Julián y su amigo te han retirado el saludo!

—¿Que a mí me han retirado el saludo *la Juliana* y su adjunto? Quien les ha retirado el saludo a ellos he sido yo, porque no me da la gana de que la gente me critique y me confunda si me ve hacerle reverencias a una pareja que parecen los amantes de Teruel[121].

—Nada, Luisito. ¡Todo eso es despecho! —proclamó Rafaelito, espíritu de contradicción, que quería exasperar a *la Poderosa*—. Garamendi es un chico «bien», incapaz de dejarse manejar por un trapisondista[122]. ¡Si conoceré yo a Julián!...

—No le llama Julián, porque es Juliana. Y no te permito que le defiendas, porque la última vez que hablé con ella me dijo que eres una *cocotte* pasada de actualidad, y que sueles perfumarte con una esencia que huele a flor de malva.

—¿Conque *la Juliana* ha dicho que yo huelo a flor de malva? A esa maldita mujer la busco yo un conflicto.

Mañana le pongo un anónimo a sus hermanos diciéndoles que es una *loca*

---

115 *Avispado*: De inteligencia viva, despierto, agudo.
116 *Embaucar*: Engañar a alguien, aprovechándose de su inexperiencia o ingenuidad.
117 *Llevar a alguien al catre*: Seducir a alguien, llevárselo a la cama.
118 *Casa de Cid*: Tienda de modas del Madrid de la época especializada en alta costura.
119 *Emberrenchinado*: Encaprichado, enamorado.
120 *Simón*: Coche de caballos de alquiler.
121 *Los amantes de Teruel*: Leyenda trágica sobre dos amantes jóvenes, Diego [Juan] de Marcilla e Isabel de Segura, que tiene como escenario la ciudad aragonesa de Teruel. La leyenda se hizo conocida gracias al drama romántico de Juan Eugenio Hartzenbusch (1806-1880), *Los Amantes de Teruel* (1837). Se dice que William Shakespeare se inspiró en esta historia para escribir *Romeo y Julieta*.
122 *Trapisondista*: Persona que anda en trapisondas, riñas, o peleas callejeras.

vergonzante, y que el amigo que la acompaña es un pelafustán[123].

—¡Valiente caso te va a hacer la familia! –pronosticó *la Poderosa*–. Les he mandado yo catorce anónimos diciéndoles cosas peores, y ¡como si nada! *La Juliana* dice que su poderío trae *amargadas* a las *locas*, y que por eso se desahogan intentando indisponerte con su familia.

—Bueno. Cambiemos de conversación. ¿Qué me dice usted de su idilio con *la Pompeyana*?

—Pues que sigue en *crescendo* –advirtió *la Poderosa*, esponjándose hasta el límite del esponjamiento–. Cada día me alegro más de haberme retirado de la vida que hacía antes. No puedes suponer lo muchísimo que gozo haciendo creer a la gente que soy un muchacho como es debido. Hay momentos en que hasta yo mismo me lo creo. Hija, no hay más remedio que evolucionar. El ser *loca* se ha pasado de moda, y lo más refinado ahora es cultivar el sexo femenino.

—No digas monstruosidades, Luisito. ¿Eres más feliz ahora o antes, cuando te ibas a casa de Miranda a revolcarte[124] con *el Califa* o *el Poquita Cosa*?

—Te diré –dijo *la Poderosa*–. Es posible que antes fuese más dichoso; pero hoy, en cambio, vivo más tranquilo, y sobre todo no me ocurre lo que hasta hace unos meses, que salía a rabieta diaria por causa de unos y de otros.

En aquel crítico instante, el versallesco diálogo fue interrumpido por la presencia de Guillermo, el hermano menor de Rafaelito, que al ver a éste desnudo y envuelto en el mantón de Manila, que ordinariamente cubría el gramófono, no pudo contener una sonrisa, que era todo un poema.

---

123 *Pelafustán*: Indeseable, vago.
124 *Revolcarse*: Revolcarse en la cama, hacer el amor.

Pláticas de familia

VI

Guillermito Hinojosa de Cebreros era la contraposición de su hermano Rafael. Toda la rebuscada y desafiante feminidad característica del mayor de los Albaredas, contrastaba con la apostura reciamente masculina del menor, que había hecho de su sexo un orgullo, y de su distintivo un arma ofensiva.

Guillermito, a pesar de sus diez y ocho años, tenía todo el aire de un sultán de *Las mil y una noches*[125]. Poseía unos admirables ojos negros, que impresionaban hondamente a las amigas de su madre y a los amigos de su hermano; pero su instinto y sus convicciones le hacían preferir a las mujeres *muy mujeres,* y abominar de las mixtificadas. La existencia de Giullermito era un himno vibrante a la normalidad, representada por las hijas de Eva, y su temperamento, eminentemente perforador, le exigía la constante caza y disfrute de cuantas ciudadanas apetitosas encontraba de su agrado. A Guillermo Hinojosa, las manifestaciones femeniles de su hermano Rafael le indignaban sobremanera; mas si durante sus años de colegial le detuvo la consideración debida al hermano mayor, cuando cumplió los diez y ocho años y quedó afirmado en él el concepto de la honorabilidad y los deberes del macho, no se anduvo con eufemismos y combatió al primogénito valientemente, sin perjuicio de llegar a la agresión personal cuando las circunstancias lo exigieron.

Ahora que, afortunadamente para Rafaelito, como Guillermo andaba siempre sin dinero, cuando quería aplacarle o buscar su complicidad, no tenía más que brindarle un puñado de pesetas: recurso que si bien resultaba infalible, degeneró en abuso por parte de Guillermo, que explotaba su silencio y su benevolencia con demasiado cinismo.

—¡Rediéz[126]! Pero ¿qué es esto? ¿Se ha anticipado el Carnaval? —exclamó Guillermito contemplando a su hermano.

Y luego, dirigiéndose a *la Poderosa,* añadió con tono zumbón[127]:

---

125 *Las mil y una noches*: Famosa recopilación de cuentos fantásticos árabes del Oriente Medio medieval. Como cuenta el primer relato incluido en la colección, Sherezade (Retana la llama «Sherezada»), la narradora, halla la manera de librarse de los instintos asesinos del sultán, quien ha matado a todas sus esposas. Para evitar un destino parecido –el sultán tiene la intención de sacrificarla cuando acabe su relato—Sherezade entretiene al Sultán contándole una serie interminable de peripecias. Retana cita con frecuencia *Las mil y una noches* en sus novelas. El erotismo y decadentismo orientales de esta colección de cuentos del Oriente Medio encontraron oportuna resonancia en la narrativa sicalíptica retaniana.
126 *Rediéz*: Una expresión que denota cólera o sorpresa.
127 *Zumbón*: Travieso, burlón.

—¡Anda! ¡Pero si es Rafaelito! ¡Y yo que me había figurado que era una niña de casa de *la Granadina*[128]!...

—¡Cosas de tu hermano! –dijo *la Poderosa,* acudiendo al quite–. ¡Como es tan... original!...

—¿Ahora se dice así?

Rafaelito, que no contaba con la inesperada visita de su hermano, sin tratar de disculparse, preguntó de mal humor:

—¿No dijiste al salir que ibas a pasar la tarde en casa de Camorra con los Valluerca?

—Sí; pero se les ha descompuesto el auto y ha habido que renunciar a la Cuesta de las Perdices[129].

—Entonces, ¿qué plan tienes? –inquirió Rafaelito, empezando a intranquilizarse.

—¡Quedarme aquí a pasar la tarde con vosotros!

—Te prevengo que te vas a aburrir –auguró Rafaelito.

—Mejor harías yéndote a un teatro –indicó *la Poderosa.*

—¡No sé con qué dinero! ¡Tengo dos veinticinco para toda mi vida!

—¡Yo puedo darte un duro! –propuso Rafaelito.

—¡Un duro! –repitió Guillermo–. ¿Pero tienes valor para ofrecerme un duro? ¿Tú crees que se puede pasar la tarde de un domingo con cinco pesetas?

Luego, aprovechando una salida de Luisito Morán, que barruntando la tormenta dejó solos a los hermanos, continuó el menor de los Albaredas:

—Te advierto que como no me des tres duros no me marcho hoy de casa. Si os estorbo, lo siento mucho; pero por menos de ese precio no os dejo en paz.

—Eres un chantajista –gruñó Rafaelito, alzándose airado del diván.

—¡Peor es ser lo que tú eres! –rugió altivo Guillermo.

—¿Qué soy yo? A ver: ¿qué soy yo? Dímelo si te atreves –vociferó el primogénito.

—Rafaelito, no me provoques, porque sales por el balcón con mantón de Manila y todo. Mira que ya me tienes muy harto, y el día que menos te lo esperes hago contigo un estropicio.

—¡Como si tuvieras algún derecho! –bramó el amenazado–. ¿Causo algún mal a nadie con mis cosas? Si lo hago, siempre es de acuerdo con la parte beligerante, y nunca en perjuicio de un tercero. El que no esté conforme con mi modo de ser, que me quite lo que me da o que me retire el saludo.

Luego, exacerbado, terminó:

—¡Yo hago con mi cuerpo lo que me da la gana! ¿Te enteras?

—¡Calla, aborto de la Naturaleza! –exigió Guillermito–. ¡Tú serás el des-

---

128 *Casa de la Granadina*: Probablemente, se refiere a un burdel, conocido como «casa de la Granadina»; «Una niña de casa de la Granadina», por tanto, sería lo mismo que decir una prostituta.

129 *Cuesta de las Perdices*: Un trecho ascendente de la carretera madrileña de La Coruña; se hizo popular durante el fin de siglo y las primeras décadas del siglo XX como lugar de citas amorosas. A lo largo de la Cuesta de las Perdices abundaban los restaurantes y ventas con «reservados,» es decir, pequeños comedores privados en los que primero comían y bebían, y luego hacían el amor las parejas.

crédito de nuestra familia, por tu poca vergüenza! Yo no sé a quién has salido, porque papá es un hombre de los pies a las cabeza, y mamá es una santa. En cuanto a mí, no creo que nadie pueda reprocharme nada indigno. Eres tú, ¡únicamente tú!, quien arrastra nuestro apellido por el fango. ¡Me abochorna que seas hermano mío! ¡Si no fuera porque está aquí esa marica arrepentida de Luisito Morán, de qué buena gana te daba un par de hostias[130]!

La Poderosa, que había escuchado las últimas palabras de Guillermo, deseosa de evitar que éste cumpliera sus amenazas, colocóse junto al mayor de los Albaredas, y éste, persuadido de que su hermano les malograría la tarde si no se avenía a desprenderse de la cantidad solicitada, ciego de ira y de impotencia para entablar la lucha, dijo a Guillermito:

—Oye, vete a mi mesilla de noche, y encima de la piedra encontrarás veintisiete pesetas. Llévate tres duros para pasar la tarde y déjame a mí el resto.

Guillermito encaminóse presuroso a la alcoba de Rafael, y después de incautarse con alegría del dinero ganado tan diestramente, recogió su sombrero y partió en busca de una manicura tan bonita como complaciente, y con la cual estaba citado.

Antes de salir, exclamó, abrazando teatralmente a Rafaelito:

—¡La verdad es que, a pesar de todo, no se puede negar que eres una buena hermana!...

---

130 *Dar un par de hostias*: Dar un par de bofetadas.

Álvaro Retana. *Mi novia y mi novio*. Madrid: Colección *La novela de hoy*, 1923. (Dibujo de Álvaro Retana).

Dios los cría y ellos se juntan[131]
VII

No hizo Manolo Castilla más que salir de casa de Rafaelito Hinojosa de Cebreros con su hermoso billete de mil pesetas, raptado del tesoro *digno de competir con el auténtico tesoro de los Nibelungos*, cuando se dio de manos a boca con Paquito Alfayate, otro curioso ejemplar del tercer sexo, y que gozaba de importante notoriedad.

Nadie sabía a punto fijo su apellido, ni siquiera su procedencia. Tan sólo se sabía que confesaba veintiocho años, y que era el protegido oficial de un enigmático personaje turco, cuya personalidad resultaba tan difícil de identificar como la del propio Alfayate.

Paquito había cumplido ya treinta y seis años; pero a costa de afeites y estudiadas toalletas, conseguía rejuvenecerse y parecer un pollo[132] tempranero, cuando en realidad era un capón vetusto. Empolvábase el anguloso rostro con prodigalidad, teñía de carmín sus abultados labios y sombreábase los ojos con la esperanza de que su faz compitiese en fragancia y hermosura con la de cualquier maravillosa circasiana[133].

Aunque su cuerpo había perdido las líneas juveniles, él se ataviaba con unos vestidos de colegial que infantilizasen su figura, y atiplaba y aniñaba sus ademanes para resultar –según él– un mozalbete[134] frívolo y travieso.

El mozalbete «frívolo y travieso» estaba envenenado de aristocraticismo y padecía monomanía de grandezas. Pretendía descender nada menos que de la esposa de don Felipe *el Hermoso*[135], y hablaba muy formal de la gloriosa parentela que ostentaba su apellido. Los padres de Paquito habían sido un honrado guardia civil y una simpática lavandera, y él, criado en el arroyo con total independencia, habíase inclinado desde sus más tiernos años por toda clase de voluptuosidades prohibidas.

Ya adolescente, y al quedarse huérfano, aceptó protecciones inconfesables y transigió con vergonzosas claudicaciones que le deparaban un relativo bien-

---

131 *Dios los cría y ellos se juntan*: Expresión con la que se señala que aquellas personas que tienen características, perfiles o intereses y tendencias similares, tarde o temprano, aunque hayan nacido en sitios alejados, se reunirán para compartir sus vidas o, al menos, algunas prácticas afines.

132 *Pollo*: Hombre joven y presumido. Aquí, el «pollo tempranero» (el hombre joven) se opone al «capón (pollo castrado) vetusto,» es decir, al hombre ya viejo y poco atractivo.

133 *Circasiana*: Natural de Circasia, una región de la Rusia europea.

134 *Mozalbete*: Joven mozo.

135 *Felipe el Hermoso*: Sobrenombre de Felipe IV, rey de Francia y de Navarra entre los años 1285-1314 y marido de Juana I (*la Loca*) de Navarra.

estar. Personas graves e influyentes habíanse disputado *in illo tempore*[136] el placer de contribuir al sostenimiento de Paquito, que arrastró durante una década una existencia esplendorosa de entretenida[137] de prestigio; pero al presente, envejecido y sin dinero, tenía que vivir *de esperar lo inesperado*, y salía de sus apuros momentáneos merced a una rebaja de tarifas, lamentable para quien, como él, vangloriábase de haberse cotizado tan caro.

Ahora Alfayate aspiraba, cual moderna ave Fénix, a resurgir de sus cenizas, para lo cual intentaba hacer creer a su clientela y amistades que estaba entretenido por un cierto príncipe turco, cuyo nombre convenía mantener en el incógnito. Ese príncipe, que, naturalmente, no existía sino en la calenturienta imaginación de Paquito, servía para prestarle una hipotética consideración ante la opinión pública, y para justificar repetidos eclipses, originados por dificultades económicas.

—«El príncipe no quiere que me exhiba.» «El príncipe se empeña en tenerme secuestrado.»

Tanto hablaba del príncipe invisible, que había llegado a dotarle de consistencia humana.

Paquito Alfayate abrazó cordialmente a Manolo Castilla, preguntándole con su voz acariciante de niña de diez años:

—¿Qué hacía la bella *Duquesa* en el palacio de Albareda?

—Vengo de ver a Rafaelito. Estamos a partir un piñón.[138] Te advierto que ahora no hace otra cosa que lo que yo propongo –contestó, presumiendo de esclavizante–. Si yo le dijera: ¡ya volar!, volaría.

—Y no tendría nada de particular, tratándose de una marica –observó Paquito.

Luego, cambiando bruscamente de tono, prosiguió:

—Me han dicho que has estado una temporada en Aranjuez[139]. ¡Entre tanto perico, habrás pasado inadvertido!

—No lo creas. Precisamente me tuve que marchar por exceso de éxito. Por cierto que a mi vuelta a la corte me he enterado del amable rasgo que ha tenido el Ayuntamiento contigo. ¡Qué atención! ¡Ponerte un urinario[140] en la misma puerta de tu casa! ¡Estarás contentísimo!... ¡no me hables de esas cosas! –suplico Alfayate –. Desde que conocí al príncipe, no puedes darte idea de lo seria que estoy. Además, has de saber que ya no puedo permitirme excesos, porque llevo una temporada mal de salud.

—¿No estarás en estado interesante[141]?

---

136 *In illo tempore*: Del latín. En aquella época.
137 *Entretenida*: Mantenida, querida a la que su amante sufraga los gastos.
138 *Estar a partir de un piñón*: Llevarse muy bien con alguien, entenderse a la perfección, tanto así que si tuvieras sólo un piñón para comer, lo compartirías con ese amigo.
139 *Aranjuez*: Un pueblo que está situado a 47 kilómetros al sur de la Comunidad Autónoma de Madrid. Es famoso por su palacio (el Palacio de Aranjuez) y, sobre todo, por los hermosos jardines que lo rodean.
140 *Urinario*: Se refiere a un urinario público. Estos urinarios, instalaciones muy comunes en el Madrid de los años veinte, funcionaban como lugar de citas y de aventuras sexuales para la población homosexual.
141 *Estar en estado interesante*: Estar embarazada.

—Quizás, porque hago todo lo posible; pero yo lo atribuyo a los disgustos que él me da.
—¿Disgustos?
—Tremendos; tremendísimos. ¡Como me quiere tanto y es tan celoso! ¡Hay momentos en que me desespera de tal forma, que hasta pienso en retirarme del mundo y meterme en un convento!
—Métete en el urinario que tienes a la puerta de tu casa, que te será más provechoso.
—No lo tomes a broma. El príncipe me adora; pero me hace amarga la vida. ¡Si no fuera por lo generoso que es! Ayer me ha prometido comprarme esos famosos pergaminos[142] antiguos donde se demuestra que yo desciendo de doña Juana *la Loca*[143].
—Para demostrar eso no hacen falta pergaminos. Con verte a ti es suficiente.
—*Duquesa,* no me faltes, porque estoy viendo tu capota por el aire. Y como nos enzarcemos, vamos a parar en la Comisaría.
—Donde vamos a ir –propuso *la Duquesa*– es a mi casa–torre, a dejar yo una cosa que me está estorbando encima, y después a Price[144], a ver a Egmont de Bries[145], que dicen que está gustando mucho. Yo te invito.
—¡*Duquesa*! ¡Tanta generosidad me revuelca en el colchón de la incertidumbre! Ese convite, ¿es desinteresado? ¿No intentarás catequizarme?
—Calla, por Dios, que no está el horno para bollos[146]. Lo que yo quiero es demostrarte que no soy tan tacaño como vas propagando por allí. Vamos a tomar un tranvía *cangrejo* para llegar antes a casa, y en seguida volvemos a Price.
—Conforme. Pero antes permíteme que te obsequie en esta confitería con un pastellillo de crema.
—¡Hum, hum! –refunfuñó *la Duquesa*–. ¡No me fío de las cremas de esta tienda! Preferiría que me invitases a un bock[147] de cerveza en aquel *bar.* Te participo que hay un camarero suizo que ocasiona vértigo.
—¿De verdad?

---

142 *Pergaminos*: Títulos o documentos antiguos, escritos en pieles de res limpias y estiradas.
143 *Juana la Loca* (1479-1555): Hija de los Reyes Católicos, Fernando e Isabel. Se casó con de Felipe [*el Hermoso*] de Habsburgo. Se ha especulado que sufría de esquizofrenia.
144 *Price*: Se refiere al *Teatro Circo Price*, un circo-teatro fundado y dirigido inicialmente por Thomas Price en 1868, cuya ubicación fue la Plaza del Rey de Madrid. Existió hasta el año 1970 y en marzo de 2007 fue reabierto como circo estable en Madrid.
145 *Egmont de Bries*: En realidad, su pseudónimo era «Edmont» de Bries. Cantante y transformista español, seguidor del famoso transformista italiano Frégoli, que gozó de gran popularidad a comienzos del siglo XX. Su verdadero nombre era Asensio Marsal. En sus actuaciones y números de variedades imitaba a las famosas estrellas de la canción y grandes cupletistas del momento. Retana incluye una breve semblanza de Edmont de Bries en su *Historia del Arte Frívolo* (1966), así como una fotografía que lo muestra disfrazado (»transformado») de cupletista. Tanto *Las 'locas' de postín* como la novela de José María Carretero, alias «El caballero audaz,» *La pena de no ser hombre* (1924), rinden homenaje indirecto a Edmont de Bries y su talento transformista.
146 *El horno no está para bollos*: Expresión que se usa cuando uno se encuentra en una situación difícil y no es un buen momento para forzar más el asunto.
147 *Bock*: Cerveza Lager fuerte de origen alemán.

—De verdad. No puedes figurarte lo que yo daría por tomarme ese suizo con chocolate[148].

Y cogidos del brazo, procurando engallarse[149] y fingir varonilidad para ser confundidos con dos hombres auténticos, Alfayate y Castilla penetraron en el *bar,* ávidos de embriagarse en la admiración del camarero suizo, para sentir el vértigo.

---

148 *Tomarse un suizo con chocolate*: Un «suizo» era, y todavía es, un tipo de bollo o pastel que se sirve tradicionalmente en los desayunos, para untar en la taza de café o de chocolate. Retana, aquí, juega con el doble sentido de «comerse el suizo —es decir, al camarero suizo— con chocolate.»

149 *Engallarse*: Comportarse con arrogancia, adoptar una actitud retadora.

Los rebaños de Sodoma[150]

VIII

Después de haber dejado Manolo Castilla muy bien guardado en su casa el billete de mil pesetas, substraído a Rafael Hinojosa de Cebreros, dirigióse, para hacer tiempo, al teatro de Price, en la agradable compañía de Paquito Alfayate.

El coliseo de la plaza del Rey convertíase, durante las actuaciones de Egmont de Bries, en el punto de cita de la fauna perteneciente al tercer sexo, que acudía deseosa de encontrarse en su elemento.

La clase de trabajo artístico de Egmont de Bries, el celebrado y popular imitador de estrellas varietinescas, es la más a propósito para entusiasmar a los representantes del sexo indeciso, por lo que hay en ella de ambiguo y propagador. Un hombre suplantando la cualidad femenina ante las majestuosas barbas de la opinión pública, sería inadmisible; pero amparándose en el sagrado pabellón del arte, como Egmont de Bries, lejos de provocar un movimiento de protesta, conquista la voluntad del público y obtiene, como premio a su labor equívoca, el general aplauso.

El tercer sexo ha hecho de Egmont de Bries un ídolo, al cual profesan veneración unánime. Si no faltan ciudadanos austeros que simpatizan con el joven y notable imitador de estrellas, imagine el lector la cantidad de admiradores con que tiene que contar entre esa chusma avecindada en Sodoma, que necesita por egoísmo paladines[151] que contribuyan a la propaganda y vulgarización de sus convicciones.

Indudablemente, aun cuando Egmont de Bries sea un individuo irreprochable —cosas más absurdas admitimos en este mundo—, su trabajo presta inmenso servicio a la causa del tercer sexo, que, reconociéndolo así, se esfuerza por rodearle de prestigio y celebridad y le ayuda moralmente a continuar encumbrado, para orgullo de los iniciados en esa religión, mantenida exclusivamente por sacerdotes que abominan de las sacerdotisas, a las cuales, sin embargo, envidian y suplantan.

Diseminada convenientemente por todo el teatro, hallábase una concurrencia, fiel expresión de las diversas variaciones que se registran en el mundo de las locas.

---

150 *Sodoma*: Ciudad que, junto con la ciudad vecina de Gomorra, y según el Antiguo Testamento, fue destruida por la ira de Dios. Sodoma y Gomorra, dos de las ciudades que formaron parte de la pentápolis bíblica, a orillas del Mar Muerto, han llegado a la posteridad como cuna legendaria de los pecados de la carne, de los homosexuales y de los «sodomitas».

151 *Paladín*: Defensor a ultranza de una persona o cosa.

Locas por convicción, como Sarabia, el modisto aristocrático, que ha convertido en señoritos a tantos organilleros; locas profesionales, como Paquito Alfayate; locas en entredicho, como Javier Algaida, que, a pesar de sus dos bodas, continúa siendo tan sospechoso como antes de casarse; locas escandalosas, como Pepito Rocamora, el joven dibujante de elegancias femeninas y su inseparable camarada de correrías, Aurelio de Regoyos, novelista aristocrático de fama universal; locas vergonzantes, como la Lopo, la Mazona o la Alberico; locas románticas, como la Pérez de Acevedo, la Salvi o Man–Pepa Andrés; locas contemplativas, como Juliana Garamendi, y locas vetustas, como Paca la Traviesa, la Noeli o la Alfalfa[152], sin contar con esas locas en germen, que están deseando que las pongan un pie delante para dar el primer tropiezo, y el inevitable grupo de anfibios, partidarios de repicar y andar en la procesión[153].

Unos y otros, conocidos de la dependencia del teatro por sus apodos, encubridores de un apellido respetable, aunque no respetado, pululaban por el pasillo circular que rodea a los palcos, en espera de una conquista doblemente segura, dado lo favorable del ambiente. Salvo contadas excepciones –alguna loca honorable, que ocupaba una butaca procurando pasar inadvertida–, todos presenciaban el espectáculo de pie en el pasillo, aguardando con impaciencia el momento de la presentación del transformista, que desplegaba una elegancia bastante superior a la de muchas *estrellas de tronío*[154] imitadas por él.

Manolo Castilla y Paquito Alfayate se colocaron junto a una de las puertas laterales que dan acceso al patio de butacas, y allí fueron abordados por Pepito Rocamora y Aurelio de Regoyos.

Los inseparables amigos, exquisitos temperamentos en sus manifestaciones artísticas, no tenían nada de tales en sus afectos particulares. Ambos amaban el perfume de la decadencia; pero la suya era una decadencia plebeya, impropia de personas como ellos, nacidos en familias distinguidas. Vivían vertiginosamente, derrochando sin freno las ganancias fabulosas que les proporcionaba sus dibujos y sus novelas con individuos de baja estofa[155], sin otra virtud que su varonilidad exterior.

Pepito era un carácter infantil, ansioso de encontrar un afecto sincero que le raptase a las locuras de su vida accidentada; era alegre, ingenioso y vano, y su generosidad no tenía precedentes. Su existencia desordenada no conseguía

---

152 De todas las «locas» mencionadas por Retana en este párrafo y que sin duda corresponden a personajes reales que habitaban la vida nocturna, *gay* y farandulera del Madrid de los años veinte –Sarabia, Paquito Alfayate, Javier Algaida, Pepito Rocamora, Aurelio de Regoyos, la Lopo, la Mazona, la Alberico, Pérez de Acevedo, la Salvi, Man-Pepa Andrés, Juliana Garamendi, Paca la Traviesa, la Noeli y la Alfalva –se identifica con facilidad a Pepito Rocamora (José Zamora, el dibujante) y a Aurelio de Regoyos (Antonio de Hoyos y Vinent, el escritor).

153 *Repicar y andar en la procesión*: Referencia al refrán popular, «No se puede repicar y andar en procesión», es decir, no se pueden hacer dos cosas al mismo tiempo y pretender hacerlas bien. En este contexto, los «anfibios» son criaturas de sexualidad imprecisa (o «anfibia»), que juegan a ser tanto homosexuales como heterosexuales, es decir, bisexuales y, por tanto, «partidarios de repicar y andar en la procesión».

154 *Tronío*: Señorío, clase, ostentación.

155 *De baja estofa*: De clase inferior, de origen plebeyo.

ajar la frescura del rostro, que aún continuaba, a pesar de los veintiséis años, como en la adolescencia.

Aurelio de Regoyos, que confesaba treinta años, conservaba un aspecto juvenil de mocetón germano, pero espiritualmente estaba envejecido por causa de sus propios excesos sentimentales. Había hecho una orgía de su corazón, que daba y quitaba con facilidad asombrosa a cuantas personas hallaba de su gusto, y su inconstancia no le permitía encontrar el ideal soñado. Su excepcional talento le había deparado el triunfo en plena juventud, y le ayudó a vencer los recelos que su alocada existencia despertaba entre esa parte de la sociedad que ostenta la categoría de sensata. Su único defecto era estar obsesionado por la inversión sexual. Para Aurelio de Regoyos, todos los hombres, hasta los más irreprochables, tenían debilidades inconfesables, y en su monomanía editaba continuamente ante sus oyentes las mayores monstruosidades de alcoba[156], atribuyéndoselas a personas que por su conducta intachable o su avanzada edad estaban libres de cualquier sospecha.

Pepito Rocamora se incautó de Alfayate, y Aurelio de Regoyos acaparó a Manolo Castilla.

—¡Ya me chocaba no veros por aquí! —exclamó Aurelio de Regoyos—. Andad con precaución, porque ese que está al lado de Juanita es policía.

—Gracias por el aviso, noble escritora —respondió *la Duquesa* al oído del novelista—. Os participo que ya estaba pensando en dirigirle una mirada *estilo París*[157].

Luego, tras una corta pausa:

—¿Escribes mucho?

—Como un Tostado[158].

—Querrás decir como una Tostada —interrumpió Castilla.

—Hace dos días —prosiguió Regoyos— me ha escrito un editor ofreciéndome dos mil quinientas pesetas por un original inédito, y no he podido servirle, porque aún no he cumplido mis compromisos con Hispania, Renacimiento, Sanz Calleja y Sopena[159]. Tengo más encargos que los que puedo servir.

—Y encuentro muy lógico que te asedien los editores, porque eres la escritora de moda; ¡rival de la Pardo Bazán[160], con ochenta y siete años menos! —concluyó *la Duquesa* para halagar al novelista.

La segunda parte del programa de *variétés* terminó en aquel instante, y los cuatro amigos salieron a las galerías para aprovechar el intermedio paseando de cotorreo[161].

---

156 *Monstruosidades de alcoba*: Excesos y perversiones de tipo sexual.
157 *Una mirada estilo París*: Una mirada seductora, insinuante.
158 *Tostado*: Se refiere a Alonso Fernández de Madrigal (1410-1455), más conocido como «el Tostado» o «el Abulense», clérigo, escritor y Obispo de Ávila, famoso por su ingente obra en latín. Su pluma prolífica hizo que se volviese proverbial el dicho, «escribe más que el Tostado».
159 *Hispania, Renacimiento, Sanz Calleja y Sopena*: Nombres de editoriales españolas.
160 *Emilia Pardo Bazán* (1851-1921): Escritora española representante del Realismo y Naturalismo, y autora de novelas como *La madre naturaleza* (1887) y *Los pazos de Ulloa* (1888). Una de las escritoras más importantes de su generación.
161 *Cotorreo*: Charla excesiva y ruidosa.

Aurelio de Regoyos, murmurador impenitente y eterno cultivador de la insidia malsana, preguntó a *la Duquesa*:

—¿Te has enterado del último escándalo de la Presneda?

—No sé nada –dijo Castilla.

—Te lo voy a contar, porque es del dominio público: tú ya sabes que la Presneda tiene la excelente costumbre de meter mano en las plataformas de los tranvías a todos los mancebos que lo merecen. Pues bien; parece ser que la semana pasada, yendo en un tranvía de la línea de Goya, quiso darle masaje a cierto pollo «bien»[162]; pero figúrate que el joven en cuestión, en lugar de callarse, como es natural en estos casos, monta en cólera, y de un fuerte empujón intenta arrojar a la pobre Presneda del tranvía. La Presneda se aloca y trata de agredir al joven. Los viajeros los separan, y entonces el joven, muy digno, dice que la Presneda le ha tocado algo que únicamente en latín podría decirse. La Presneda se irrita como no puedes darte idea, y a voz en grito dice que ella ha sido diputada romanista, y que la respetabilidad de una madre de la Patria no puede colocarse en tela de juicio. De pronto, ¡zas!: Marcelino Domingo, Rodés y Salvatella, que suben al tranvía y al enterarse del incidente anuncian a la Presneda una interpelación en el Congreso. Azoramiento general, y la Presneda, que se apea más corrida que una mona. ¿Eh? ¿Qué te parece?

—Una incorrección del pollito de marras[163]. Pero en el fondo me alegro. Hay mucha *loca* tapada, y conviene que el público se entere, para que vea que hoy el que no *torea* es porque no tiene con quién.

—¿Has estado en la fiesta que dio la otra tarde la Man–Pepa Andrés para celebrar su cumpleaños?

—No se dignó invitarme.

—A mí tampoco. Pero me he enterado del grotesco final que tuvo el ágape[164].

—¡Ay!, cuéntamelo –suplicó *la Duquesa*.

—A las doce de la noche, después de despedir a sus invitados, que fueron unos cuantos *ratés*[165] como la Ojeda, la Figueroa, la Carvajal, y otras locas que yo no recibiría en mi casa ni aunque me trajesen la merienda, la Man–Pepa Andrés se puso su mantilla y se largó a los jardinillos del Prado, que es el sitio donde ella opera, porque sin duda quería acabar dignamente el día yéndose a acostar con un buen hombre. Pero cuando más engolosinada estaba timándose con cuatro chulos, a los cuales creía conquistados ve con espanto que éstos se abalanzan sobre ella y, después de propinarla una paliza, la zambullen en uno de los pilones de la fuente grande. ¡Calcula tú el efecto que le causaría un baño a esas horas, en vez de un rato de amor!

—Si ese chisme no fuese verdad, merecería serlo, porque tiene mucha gracia –respondió *la Duquesa*.

Ya me estoy figurando a Man–Pepa Andrés chillando dentro del agua:

---

162 *Un pollo «bien»*: Un hombre joven de la clase alta.
163 *De marras*: Que es conocido sobradamente.
164 *Ágape*: Banquete o comida para celebrar un acontecimiento. Viene de la palabra para la comida que hacían en común los primeros cristianos.
165 *Ratés*: Del Francés. Personas fracasadas.

¡Socorro, guardias, socorro, que ahogan a una mujer indefensa!... Has hecho bien en contarme esta novedad acuática, porque yo me encargaré de que circule.

Mientras tanto, Pepito Rocamora advertía a Paquito Alfayate:

—Te participo que ahora estamos muy serios éste y yo.

Paquito, curioso, preguntó:

—Entonces, ¿qué vida hacéis?

—Una vida muy correcta. Nada de hacer la marica, como antes. Ahora, todas las noches nos vamos al teatro o al cine, y a la salida yo me llevo un tío a mi casa, y éste se va a dormir con otro a la suya.

Julián Garamendi, cogido del brazo del falso Cimera, pasó rozando a Aurelio de Regoyos, y éste aprovechó la coyuntura para decir a sus acompañantes:

—Sabréis que Julián Garamendi está haciendo un proyecto de urinario monstruo, capaz para seiscientas personas, y se lo piensa regalar al Estado, a condición de que le encargue su ejecución. Quiere instalarlo cerca de la Plaza de Toros, que es un lugar muy céntrico, sobre todo los días de corrida.

El timbre sonó anunciando el comienzo de la tercera parte del programa, integrada exclusivamente por Egmont de Bries, y las cuatro cotorras[166] reintegráronse a su localidad de paseo, para no perder detalle del trabajo del admirable y admirado imitador.

---

166 *Cotorra*: Persona que habla de manera excesiva y molesta.

Álvaro Retana. *La hora del pecado*. Madrid: Colección *La novela de hoy*, 1923. (Dibujo de Antonio Juez).

El apio maravilloso
IX

La orquesta inició los primeros compases de *La maja del siglo* XX[167], descorrióse la cortina de terciopelo grana, y sobre un fondo deslumbrante de luz y de colores apareció la gentilísima figura del esperado Egmont de Bries, maravillosamente vestido a la usanza goyesca[168], y portador de coruscantes joyas.

En medio de gran expectación, el artista rompió a cantar imitando los ademanes y la voz de Carmen Flores[169], con tal acierto, y produciendo tan grande sensación de belleza, elegancia y femineidad, que costaba trabajo al espectador ecuánime avenirse a la idea de que aquella mujer tan suculenta fuese un hombre con todos los atributos masculinos. Egmont de Bries lucía un escote intrépido, completamente aperitivo; unos brazos desnudos, al parecer amasados con nácar y rosas; unas piernas esculturales, dignas de competir con las de Julia Fons[170]; un anuloso talle de palmera del oasis, y todo aderezado con un movimiento de rotación y traslación capaz de intranquilizar al bombero de guardia.

Manejando graciosamente el abanico, Egmont de Bries saltaba por el escenario provocativo y sonriente, causando tal efecto con la perfección de su trabajo, que a la conclusión del número fue ovacionado calurosamente.

El transformista adelantóse a las candilejas para saludar, y con un movi-

---

167 *La maja del siglo XX*: Cuplé cantado por Egmont de Bries; apareció en «Tonadillas y Tonadilleras,» 'cancionero frívolo' que publicó Retana en el serie *La Novela Teatral* (274).

168 *Usanza goyesca*: Estilo de vestimenta que viene a ser una adaptación española del estilo Imperio francés. Imperan los volantes, los encajes y los bordados sobre raso, y se impone la famosa mantilla en todas sus variantes. Es un estilo que combina y armoniza lo aristocrático y lo castizo.

169 *Carmen Flores* (1892-1969): Cantante y cupletista española. El periódico *La Vanguardia* dijo de ella, el día de su muerte, que «era, probablemente, la última cupletista de la 'Belle Epoque', y siempre recordada como la cupletista que estrenó los famosísimos cuplés, 'La Violetera' y 'Carmen la contrabandista' en el *Trianón*, teatro emblemático del Madrid finisecular. Como muchas cupletistas de la época, Carmen Flores realizó numerosas giras por España y por Latinoamérica. Era conocida por sus graciosos desplantes, y por su habilidad y garbo para llevar el mantón de Manila».

170 *Julia Fons* (1882-1973): Cantante de zarzuela, genero chico y opereta española. Reina de la «sicalipsis» (para la definición detallada de «sicalipsis» y «sicalíptico» remitimos a la introducción a este volumen) y del erotismo español, era la máxima estrella del *Teatro Eslava* de Madrid. El título que mayor repercusión tuvo en su carrera fue la célebre *La corte del Faraón*, zarzuela caraterizada como «opereta bíblica» en un acto y cinco cuadros, estrenada en el *Teatro Eslava* en 1910.

miento brusco despojóse de la peluca y la goyesca redecilla[171], para mostrar altivamente su cabeza morena.

Un chusco[172] de la gradería gritó fingiendo asombro:

—¡Anda; pero si es un hombre!

Inmediatamente, otras voces atipladas continuaron:

—¡Mariposa!

—¡Coloso!

—¡Apio!

El transformista, impávido, dirigiéndose a las localidades de donde surgieron los apóstrofes, respondió antes de abandonar la escena:

—¡Ay, qué cursis! ¡Ya no se dice apio! ¡Se dice vidrio!

Alguna parte del público celebró la ocurrencia del apostrofado, y Aurelio de Regoyos, aproximándose a Pepito Rocamora, murmuró:

—En este mundo hay dos tragedias espantosas: una consiste en no alcanzar lo que se desea, y la otra en alcanzarlo. Este chico se ha pasado la vida estudiando para triunfar en su arte y conquistarse un puesto, y cuando ha visto realizado su propósito no se lo dejan disfrutar.

—Pero, ¿es posible que te guste este mama...rracho[173]? –dijo Pepito Rocamora, que detestaba al transformista, porque no se ataviaba con arreglo a los figurines de él–. Yo no veo su éxito por ninguna parte.

—Cualquiera puede reconocer las penas de un amigo y hasta simpatizar con ellas. Pero aceptar sus éxitos y simpatizar con ellos requiere una naturaleza delicadísima.

—¿Quieres decir con esto que yo soy un espíritu vulgar porque no me place esta loca? Pues no me gusta ni le puede gustar a nadie que presuma de exquisito. Ese traje es una facha; canta peor que un grillo, y tiene una cadera más alta que la otra. Es una loca tan ridícula como sus admiradores.

—Pepito, no te sulfures, que te van a dar viruelas.

—¡A ti sí que te van a dar!...

—Niñas, no seáis lobas –dijo la Duquesa interviniendo–. Estáis llamando la atención.

Egmont de Bries presentóse nuevamente en escena ajustado por un precioso traje negro de *soirée*[174], y Aurelio de Regoyos preguntó a la *Duquesa*, señalándole el cartel anunciador:

—¿Qué dice allí?

—No lo veo bien. Me parece que pone: «Imitación de Olimpia de Tortilly».

Egmont de Bries cantó discretamente una romanza italiana, y por segunda vez la concurrencia aplaudióle complacida.

Mas los bromistas indiscretos tomaron a asaetearle con los clásicos adjetivos:

---

171 *Redecilla*: Prenda de malla con forma de bolsa para recoger el pelo o como adorno, típica del estilo de vestir goyesco.
172 *Chusco*: Dicho de alguien que tiene gracia, donaire y picardía.
173 *Mamarracho*: Payaso; persona que no merece respeto.
174 *Traje de soirée*: Del Francés. Traje de noche.

—¡Sape!
—¡Bribón!
—¡Sarasa[175]!
—¡Fuego!
Y uno pidió con voz gangosa[176]:
—¡Que imite a un hombre!
Egmont de Bries se irguió con gallardía y preguntó, desafiante, al grupo:
—Pero, ¿hay alguno aquí?
A la terminación del tercer número –una difícil y aplaudida falsificación de Pastora Imperio–, de otro grupo de la entrada general salieron voces subversivas.
—¡Es mucha mujer este hombre!...
—Anda, loca; ¡suéltate el pelo!...
—¡Di que no! ¡Que te sienta muy bien el moño bajo!
El final de cada imitación era seguido de la invariable ovación clamorosa y de una rociada de epítetos malsonantes o de interpretación morbosa, que regodeaba a cierta parte del público.
Una admiradora del imitador, que aspiraba a ser revolcada por él, expuso a las amigas que la rodeaban en un palco:
—Después de todo, no me explico la actitud de esos tíos antipáticos. El chico, ¿no es el último número del programa? Pues el que no le guste que se marche. ¿Qué derecho tienen a ofenderle? Cada cual se gana la vida como puede, y con su trabajo no perjudica a nadie.
—¡Pues sí que perjudica! –replicó desde el palco próximo una loca perversa y disimulada–. Este hombre... o lo que sea, fomenta la corrupción de costumbres; y si yo tuviese atribuciones le metía en la cárcel para que no diese mal ejemplo. El hombre tiene que ser hombre antes que nada.
Después del sexto número, Egmont de Bries, ante la insistencia de sus admiradores, que solicitaban un cuplé más, se excusó con voz campanuda:
—Respetable público: yo continuaría gustoso; pero me encuentro muy cansado.
—¡Que le traigan una botella, para que se siente y descanse!
—¡Mejor sería un bastón!...
Egmont de Bries, inalterable, risueño y ceremonioso, correspondía a los aplausos del público saludando con la peluca en una mano; y el desfile empezó con la consiguiente serie de achuchones[177], roces y otros excesos, prodigados según las aficiones de cada espectador.
Ya cerca de la puerta de salida, el cónclave[178], capitaneado por Aurelio de Regoyos, aumentóse con un nuevo personaje, que saludó al novelista, abrazándole cordialmente.
Era un efebo aristocrático a quien sus íntimos llamaban Juanito Sí–sí,

---

175 *Sarasa*: Hombre afeminado.
176 *Voz gangosa*: Voz con resonancia nasal.
177 *Achuchones*: Apretones cariñosos o con intención erótica a una persona.
178 *Cónclave*: Junta o congreso de gentes que se reúnen para tratar algún asunto.

porque jamás había dicho que no a ninguna proposición contra natura. Juanito Sí–sí había yacido con ciudadanos de todas las edades y categorías, que unas veces le hicieron donativos, otras se los pidieron, y en las más de las ocasiones, ni lo uno ni lo otro.

Juanito confesaba dieciséis años, y estaba tocado de manías literarias. Era inconsciente y frívolo, y no vivía para otra cosa que para el maquillaje, la literatura y el deleite. Habíase pintado el rostro y las manos para cobrar aspecto egipcio, y tomaba las Pilules Orientales[179] a fin de hermosearse el busto.

—¡Estás guapísimo! –aseguró Regoyos devolviéndole el abrazo–. ¡Pareces una virgen etrusca!

—Lo de etrusca, pase; pero lo que es de virgen.., ya no tengo ni el canto de una uña.

—¿Qué te das en la cara para estar tan moreno?

—Yodo. Mucho yodo. ¡Cuanto más yodo, mejor! ¡Me pasa igual! –dijo Pepito Rocamora, que sólo había escuchado la última frase de Juanito Sí–sí.

—Oye, Aurelio; ayer compré tu nueva novela, que me ha gustado de verdad –prosiguió Juanito Si–sí—. Pero las escenas eróticas las encuentro demasiado atrevidas. Ciertas cosas no se pueden llevar a los libros. Deben quedarse en nuestra alcoba para que no se asuste la gente.

—La gente se asusta porque el erotismo literario lo han mixtificado horriblemente los continuadores de Trigo[180], que lo han convertido en algo que tiene visos de pecado, cuando no es sino el estallido de toda la rugiente poesía, toda la amplitud vital y todo el grandioso estremecimiento de la Naturaleza. En la Lujuria, que es la perfección del amor, como dice Octavio Mirbeau[181], todas las facultades cerebrales del hombre se despiertan y afinan. Durante el acto sexual se piensa siempre en elevarse por encima de todos los prejuicios sociales y de todas las leyes. El artista debe ser lujurioso, terriblemente lujurioso en su vida y en sus obras. Únicamente a los eunucos les es imposible producir obras de arte. Precisamente por ser eunucos.

En la plaza del Rey, los cinco amigos procedieron a disolverse. Juanito Sí–sí uncióse a Paquito Alfayate con el propósito de correr la loca juntos; Pepito Rocamora y Aurelio de Regoyos subieron a un coche de alquiler, y Manolo Castilla enderezó sus pasos al palacio de Albareda.

¡La hora de la tragedia había sonado!

---

179 *Pilules Orientales*: Pastillas que prometían moldear los senos.
180 *Felipe Trigo* (1864-1916): Novelista prolífico y de gran popularidad, considerado el padre del erotismo finisecular español. Retana y los escritores sicalípticos lo consideraban uno de sus principales maestros.
181 *Octave Mirbeau* (1848-1917): Periodista, crítico de arte, novelista y dramaturgo francés, autor, entre otras obras, de tres novelas que escandalizaron a los «bienpensantes» de su tiempo: *Le jardin des supplices* (*El jardín de los suplicios* –1899), *Le Journal d'une femme de chambre* (*Diario de una camarera* –1900), y *Les 21 jours d'un neurasthénique* (*Los veintiún días de un nuerasténico* –1901).

Un drama «modern style»

X

A las nueve en punto de la noche Manolo Castilla reapareció en el palacio de Albareda, afectando una expresión sinceramente dolorida.

Rafaelito y *la Poderosa* le aguardaban encerrados en la alcoba del primero, tendidos sobre la cama turca, llenos de aburrimiento e impaciencia.

La presencia de *la Leona de Castilla* —como también designaba *la Poderosa* a *la Duquesa*— fue recibida con una lluvia de reconvenciones.

—¡Ya era hora, mala mujer! —chilló Rafaelito encrespado—; desde las cuatro y media que te fuiste hasta ahora, ya habías tenido tiempo hasta para ir a Buenos Aires por el argentino.

—Nos has dejado sin merendar —arreció *la Poderosa*—, ¡y para fin de fiesta vienes sola!

—¡Yo quisiera saber qué has hecho! —bramó Rafaelito, que por cierto continuaba envuelto en el mantón de Manila.

—Pues muy sencillo. No he hecho más que esperar pacientemente a ese hermoso mancebo en el sitio que nos citamos. Pero al dar las nueve, en vista de que no venía, me he decidido a volver aquí desesperado.

—¡Eso dices tú! —gruñó Rafaelito—. Pero ¿quién sabe si a lo mejor no has estado haciendo alguna barrabasada[182] con ese mancebo?

—¡Te aseguro que no! —dijo Manolo Castilla, solemne—. Me he pasado la tarde aguardando como un pasmarote[183] la llegada del argentino, y no he faltado de mi sitio más que una media hora.

—¿Y adonde has ido esa media hora? —preguntó Rafaelito.

—¡Ay, noble amigo! Yo no pensaba decíroslo; pero la conciencia me empieza a remorder horriblemente y no tengo más remedio que ser franco con vos. Os he hecho una especie como de truco.

—¿A mí? ¿Que tu me has hecho un truco?

—Sí, Rafaelito. Un truco. Pero como vos sois una buena amiga, confío en obtener vuestro perdón. Os prometo no reincidir.

—A ver: explícate —ordenó Rafaelito.

—Pues, mira..., no te enfades...; pero en un momento de ofuscación, antes de marcharme a la calle te he raptado un billete de mil pesetas, con idea de

---

182 *Barrabasada*: Travesura grave, acción atropellada.
183 *Pasmarote*: Persona que se queda inmóvil, embobada o pasmada por alguna cosa.

probar fortuna en el juego. Yo pensaba ganar unos cuantos duros y restituirte en seguida el billete; pero, hijo mío, la suerte me ha sido adversa y he perdido hasta el último céntimo.

—¡Ja, ja! –exclamó Rafaelito empezando a reír estrepitosamente–. Esta mala *Duquesa* no sabe cómo inquietarme. ¡Vaya, vaya! ¿Conque has «mangado»[184] un billete del tesoro de los Nibelungos? ¡Pues qué se le va a hacer! –terminó el aristócrata, sin creer que Manolo Castilla le estuviese hablando en serio–. Me conformaré con mi desgracia, y para lo sucesivo estaré ojo avizor[185], para evitar rapiñas[186].

Manolo Castilla aprovechó la incredulidad de Rafaelito para retirarse apresuradamente; y apenas hubo salido, Rafael Hinojosa de Cebreros, asaltado por una horrible comezón[187] de comprobar que realmente no había sido saqueado, propuso a *la Poderosa*:

—Oye, Luisito. Haz el favor de ver si en esa caja de sándalo que hay en la segunda tabla de mi armario hay cuatro mil pesetas.

La Poderosa, «mujer boba e irreflexiva», tuvo una idea repentina y genial que podría redundar en su provecho, y se aprestó a ponerla en práctica con maestría y ligereza.

Acercóse al armario, abrió una de las puertas con objeto de burlar las miradas de Rafaelito, y apenas hubo descubierto la cajita de sándalo cogió con rapidez un billete de mil pesetas y se lo guardó en el bolsillo interior de la americana[188]. En seguida, adoptando un gesto de colegiala ingenua, llevó la caja al lecho turco para que fuese requisada por su dueño.

¡Y aquí fue Troya![189]...

Jamás una leona del Sudán a quien arrebataran sus cachorros de improviso hubiera atronado el espacio con rugidos más ensordecedores. Diríase que Rafaelito había enloquecido, y en su demencia no se le ocurría otra cosa que recorrer la estancia dando unos gritos fragorosos y unos horribles saltos, que hacían crujir las maderas del piso.

En la ira que le producía verse despojado de las dos mil pesetas, prorrumpió en atroces denuestos[190] contra Manolo Castilla, que tan pronto parecían escaparse del fondo de una tumba como de la garganta de una tiple constipada.

—¡Ahora lo comprendo todo! ¡Ese argentino era una filfa[191]! ¡Todo ha sido una combinación indecente para robarme mi dinero! Y tú has sido su cómplice –afirmó encarándose con *la Poderosa*–. ¡*Tú*, que me entretuviste en el comedor bailando la matchicha para que él pudiese entrar en mi alcoba tranquilamente! ¡Esto es una canallada! ¡La culpa es sólo mía, por recibir en

---

184 *Mangar*: Hurtar o robar.
185 *Estar ojo avizor*: Permanecer atento.
186 *Rapiña*: Robo, saqueo.
187 *Comezón*: Desazón moral, inquietud.
188 *Americana*: Chaqueta.
189 *Y aquí fue Troya*: Expresión coloquial para indicar el momento en que estalla el conflicto o la dificultad en el asunto o el hecho de que se trata.
190 *Denuesto*: Injuria o insulto graves de palabra o por escrito.
191 *Filfa*: Mentira, engaño, noticia falsa.

mi casa maricas ladronas! ¡Pero esto no puede quedar así! ¡Como no me devolváis mi dinero, mañana mismo presento una denuncia en el juzgado!

Luisito Morán, que deseaba fervientemente abandonar el lugar del crimen, aprovechó la confusión y la nerviosidad de Rafaelito para despedirse, haciendo protestas de inocencia, y salió del palacio de Albareda como alma que lleva el diablo.

Pero Rafaelito Hinojosa de Cebreros, cada vez más rabioso, le siguió por los pasillos, y olvidándose de su absurda vestimenta, bajó las escaleras detrás de *la Poderosa,* injuriándole febril:

—¡So pulpos! ¡Más que pulpos! ¡Eso no se hace con una buena amiga! ¡Valiente par de pellejos estáis hechas! ¡Vosotras acabaréis en la Calle de Quiñones[192] por ladronas! ¡Ladronazas!...

Tan indignado y ciego estaba Rafaelito Hinojosa, que hubiera pisado la calle del Barquillo a no ser porque su hermano, que volvía de paseo, le detuvo en el portal, preguntándole:

—Pero Rafaelito..., ¡por Dios!... ¿Te has vuelto loco?

—¡Yo qué voy a estar loco! ¡Lo que estoy es deseando de encontrar a ese par de liosas para hacerlas un escarmiento!

—Cálmate, Rafaelito, y dime qué te pasa –propuso Guillermo arrastrando a su hermano.

—¡Que soy muy desgraciado! –sollozó Rafaelito–. ¡Que me quiero morir!

—¿Que te quieres morir? ¿Por qué? ¿Te ha dejado algún novio?

—No te burles, Guillermo. ¡Mira que no es cosa de broma! ¡Me han hecho un truco horrible!...

—Pues desembucha[193], hombre, y veremos el modo de arreglarlo.

Cuando los dos hermanos penetraron en la alcoba de Rafaelito, éste llenó de agua la palangana[194] del lavabo y empezó a refrescarse el rostro, mientras decía a Guillermo:

—Esta tarde han estado aquí Manolo Castilla y Luisito Morán, y como son dos maricas ladronas, me han quitado dos mil pesetas. ¿Tengo razón o no para desesperarme?

—¿Que te han quitado a ti dos mil pesetas? ¿Pero tu tenías tanto dinero?

—Naturalmente, estúpido, ¿Te crees que estoy siempre a la cuarta pregunta[195] como tú? Pues tenía cuatro mil pesetas, y esos *huecos*[196] se han puesto de acuerdo para robarme dos billetes de los grandes.

—Pues, señor, no salgo de mi asombro –confesó Guillermito–. ¿De dónde habías sacado tú ese dinero?

—Me lo había regalado el marqués de Villamalo antes de marcharse a Rusia.

---

192 *Calle de Quiñones*: Calle donde se ubicó la Casa Galera, la cárcel de mujeres más importante de Madrid en esa época.
193 *Desembuchar*: Confesar, decir a alguien lo que sabía y se tenía callado.
194 *Palangana*: Recipiente bajo y de boca muy ancha que se emplea para lavar o lavarse.
195 *Estar a la cuarta pregunta*: Estar escaso de dinero o no tener ninguno.
196 *Hueco*: Presumido, vanidoso.

—¿Y por qué te ha dado a ti esas cuatro mil pesetas?

—Por lo que no te importa. Pero el caso es que me las había regalado en esa cajita de sándalo que está encima de mi cama.

Guillermo aproximóse al lecho turco para examinar la caja guardadora del famoso tesoro, *digno de competir con el auténtico tesoro de los Nibelungos,* y no pudo contener un suspiro de codicia, de admiración y de despecho contemplando las dos mil pesetas que se ofrecían ante sus ojos en un billete grande, otro de quinientas pesetas y el resto de veinte.

—¿Sabes lo que estoy pensando? —exclamó Guillermito, incautándose del billete grande—. Que no es lógico que tú tengas dos mil pesetas y yo, en cambio, tenga que andar empeñando las bandejas de plata del comedor para salir adelante. Así que me quedo con mil pesetas y te dejo las otras mil.

—¿También tú, sinvergüenza? —chilló Rafaelito mudando de color—. ¡Qué desgraciado soy! ¡No estoy rodeado más que de canallas! ¡Todos son a robarme! ¡Yo me quiero morir! ¡Yo me suicido!

Y en un acceso de cólera, zambulló su cabeza en la palangana, diciendo entre sollozos:

—¡Yo me ahogo! ¡Yo me ahogo! ¡Todos sois responsables de mi muerte!

Luego, sacando la cabeza de la palangana, anatematizó a su hermano:

—¡Así revientes, ladronazo! Permita Dios que te enamores de una mala mujer, que te haga gastar todo ese dinero en botica[197].

Y tomó a sumergir la cabeza en el agua, insistiendo en su propósito de quitarse la vida; pero Guillermo, persuadido de que con tan grotescos chapuzones Rafaelito no lograría ahogarse, abandonó la alcoba sin conceder importancia al ridículo intento de suicidio de su hermano ni a sus increpaciones, y ya desde la puerta le advirtió:

—Te prevengo que papá debe estar para llegar de un momento a otro, y como te encuentre en esa pinta y con mil pesetas de procedencia *non sancta*[198] te va a armar un escándalo que se va a oír en la Cibeles. Así que tú verás lo que haces. Por lo pronto, yo emigro.

Alguna virtud encerrarían tales reflexiones por cuanto Rafaelito suspendió el remojón, y después de guardar su cajita de sándalo empezó a disfrazarse de persona formal.

Y mientras se anudaba la corbata de seda exclamó interiormente, conteniendo las lágrimas:

—¡Con el trabajo que me había a mí costado ganar ese dinero!...

Fin de la Novela

Madrid, Junio de 1919

---

197 *Gastar en botica*: Gastar en mejunjes, maquillajes y cremas.
198 *Procedencia non sancta*: Del latín. Procedencia pecaminosa, poco confesable.

Álvaro Retana. *La Dama de Luxemburgo*. Madrid: Colección *La novela de hoy*, 1925. (Dibujo de Antonio Juez).

Los Ambiguos
Novela

por
Álvaro Retana

Ilustraciones de R. Marín

Todas las ilustraciones son de la edición original de la novela (Madrid: Colección *La novela de hoy*, 1922). (Dibujos de Ricardo Marín).

A Manera de Prólogo

Casto por naturaleza.

En aquella calurosa tarde de junio encontramos a Álvaro Retana –que no esperaba ciertamente nuestra visita– tocando la pianola en una camareta oriental, acompañado de una joven de diez y seis años soberanamente hermosa, que él nos presentó como su augusta esposa.

Tanto el joven y popular novelista como su augusta esposa, que parece una sultana escapada de un cuento de Las mil y una noches[1], no tienen mas ropa que unos delantales de satén negros con ribetes rojos que contribuyen a infantilizarlos extrañamente, en aquella estancia donde todo es arbitrario: el decorado y los dueños de la casa.

—¿Dónde ha nacido usted y cuántos años tiene?–preguntamos a Álvaro, que abrocha púdicamente todos los botones de su delantalito negro de colegial.

El fantástico novelista abandona el taburete de la pianola y corre en busca de su cédula, que nos muestra triunfal.

—Vea usted, amigo Artemio: cédula de quinta clase número 38.473, expedida en Madrid, a 22 de mayo de 1922: Álvaro Retana y Ramírez de Arellano, de veinticuatro años de edad, natural de Colombo[2] (isla de Ceilán), de profesión compositor y residente en Manuel Silvela, núm. 10, primero, de esta corte.

Luego añade, encaramándose en su banqueta:

—Como verá usted, soy el más joven de los novelistas de fama mundial; pero artísticamente soy mucho más joven aún, puesto que sólo cuento cinco años. Como escritor aún puedo jugar al aro[3]. En el verano de 1917, la Casa Sopena, de Barcelona, editó mi primera novela, titulada Al borde del pecado, *y en septiembre del mismo año apareció* La carne de tablado, *que me valió artículos entusiastas de Julio Cejador, «Colombine», Prudencio Iglesias Hermida, José Francés, Hoyos*

---

1   *Las mil y una noches*: Famosa recopilación de cuentos fantásticos árabes del Oriente Medio medieval. Como cuenta el primer relato incluido en la colección, Sherezade, la narradora, halla la manera de librarse de los instintos asesinos del sultán, quien ha matado a todas sus esposas. Para evitar un destino parecido –el sultán tiene la intención de sacrificarla cuando acabe su relato– Sherezade entretiene al Sultán contándole una serie interminable de peripecias. Retana cita con frecuencia *Las mil y una noches* en sus novelas. El erotismo y decadentismo orientales de esta colección de cuentos del Oriente Medio encontraron oportuna resonancia en la narrativa sicalíptica retaniana.
2   *Colombo:* Antigua capital de Ceilán.
3   *«Como escritor aún puedo jugar al aro»*: El juego del aro es un entretenimiento propio de los niños, de manera que lo que Retana está reiterando aquí es que su carrera como escritor es todavía muy joven y comenzó hace muy poco.

y Vinent[4], etc.[5] Al mes siguiente, la casa Buigas[6], de Barcelona, lanzó El capricho de la marquesa, tríptico[7] galante, que enfureció a mi horrible padre hasta el punto en que aprovechándose de que entonces era el inspector general de Policía de Barcelona, denunció mi obra por inmoral y la hizo retirar de librerías y quioscos. Posteriormente ofrecí a la voracidad de mis admiradores «El crepúsculo de las diosas», «Ninfas y sátiros», «Los extravíos de Tony», «El octavo pecado capital» y otras obras francamente libertinas, que me valieron el elogio de los más ilustres críticos españoles y extranjeros, según puede comprobarse leyendo «El octavo pecado capital», donde son reproducidos al final de la obra.

Mi género literario es el mismo que en el extranjero han cultivado Rachilde,[8] Williers de l'Isle Adam[9], Pierre Louys[10], Barbey d'Aurevilly[11], Jean Lorrain[12], Willy[13], etc. Claro que yo lo hago mejor que todos ellos juntos, y por esta razón, en el momento en que, según comprobantes que tengo a disposición de usted, se vendían cuarenta mil volúmenes míos por año, fui objeto de una persecución improcedente, originada por el despecho de personas infectas—¡editores idiotas y novelistas fracasados!–, que intentaron quitar mis obras de la circulación, por inmorales.

Yo no diré que mis producciones sean las más indicadas para servir de texto en

---

4   *Hoyos y Vinent*: Antonio de Hoyos y Vinent (1885-1940), periodista y novelista español, que perteneció a la corriente estética del Decadentismo y enriqueció la cultura del erotismo español o «sicalipsis». (Para la definición y descripción de los términos «sicalíptico» y «sicalipsis» remitimos a la introducción a este volumen). Autor de novelas eróticas como *La vejez de Heliogábalo* (1912) y *El pecado y la noche* (1913). Era abiertamente homosexual, y se codeaba con todos los escritores eróticos de la época.

5   *Julio Cejador, etc.*: Escritores y críticos literarios españoles, contemporáneos de Retana y admiradores de su obra.

6   *Casa Editorial Buigas*: Editorial barcelonesa fundada en 1917. Publicó novelas populares, una revista llamada TBO, y algunas obras literarias del fundador, Joaquín Buigas. En 1928 el nombre de la editorial fue susituido por el de *Ediciones TBO*.

7   *Tríptico*: Un libro, una pintura o una obra teatral que consta de tres partes.

8   *Rachilde*: El *nom de plume* de Marguerite Vallette-Eymery (1860-1953). Famosa escritora de la decadencia francesa, conocida por una serie de novelas escandalosas por su naturaleza explícitamente sexual. Entre sus obras destacan *Señor Venus* (*Monseiur Vénus*, 1884) y *La malabarista* (*La Jongleuse*, 1900).

9   *Auguste Williers de l'Isle-Adam* (1838-1889): Considerado uno de los «poetas malditos» del simbolismo francés, su obra tanto narrativa como poética se destaca por los asuntos truculentos (por ejemplo, cultiva el cuento fantástico y de horror) y un refinado erotismo.

10 *Pierre Louys* (1870-1925): Escritor y poeta francés, gran amigo del escritor y defensor de los derechos homosexuales, André Gide. Su colección de canciones eróticas, *Las canciones de Bilitis* (1894), llegó a ser una obra importante para la comunidad gay y lesbiana.

11 *Jules Amédée Barbey d'Aurevilly* (1808-1889): Escritor del romanticismo francés, autor de novelas galantes y fantásticas. Su obra más conocida es *Las diabólicas* (*Les Diaboliques*, 1874).

12 *Jean Lorrain*: Seudónimo de Paul Alexandre Martin Duval (1855-1906). Poeta y novelista del simbolismo francés, amigo de Rachilde, siempre hizo ostentación abierta y escandalosa de su homosexualidad. Su obra se caracteriza por la permisividad para con los «vicios» sexuales y la búsqueda de paraísos artificiales, todo ello enmarcado en una visión fantástica de la vida.

13 *Willy*: Henri Gauthier-Villars (1859-1931). Escritor francés de Fin de Siglo, conocido sobre todo por su matrimonio con la novelista Colette. Cosmopolita, liberal en sus costumbres y gran seductor de mujeres, su vida estuvo marcada por el escándalo y la notoriedad.

los colegios de Ursulinas[14]*; pero es absurdo perseguir en mí una modalidad artística que en todos los países civilizados se venía cultivando desde tiempo inmemorial. Además, como a nadie se le pone un puñal en el pecho para que las compre, él que las adquiere es porque le agradan. Únicamente contando con la complicidad de un fiscal desconocedor de los temas abordados por los grandes genios de la literatura mundial, pudo incoarse*[15] *el proceso de mis libros, del que, afortunadamente, pronto será absuelto. Maura*[16] *me ha prometido apoyar mi candidatura para la Real Academia Española, porque dice que todos los que están allí son muy malos y hacen falta jóvenes con talento.* [17]

—¿Cuál es, a su juicio, el escritor más grande del siglo xx?

—¡Yo! ¡Qué duda cabe! Esto no impide que admire a Anatole France[18]*, Blasco Ibáñez*[19] *y algún otro de los que ahora despuntan.*

—¿Cuál es la mayor satisfacción de su vida?

—Saber que todo cuanto tengo me lo debo a mí mismo.

—¿Le mordió mucho la envidia?

—A los seres superiores no se nos envidia. Se nos admira y se nos desea; pero nada más. La injuria y la calumnia siempre han pasado por mí como el rayo del sol por el cristal sin romperme ni mancharme.

—¿Recibe usted muchas declaraciones amorosas?

—¡No tiene usted idea! Todos los meses me veo precisado a dar calabazas[20] *a una veintena de admiradoras exaltadas o de admiradores equivocados, que creen que, por lo visto, conmigo no hay más que pedir hora. Soy casto par naturaleza y porque en la castidad está el secreto de mi juventud armoniosa y de mi potencia artístico. Piense usted que yo anualmente publico diez libros, hago cincuenta o sesenta canciones de éxito—letra y música—para las estrellas de variedades, pinto figurines, desempeño mi cargo de empleado del Estado, confecciono decorados y hago infinidad de cosas para las cuales es preciso que me conserve en pleno esplendor físico. Adoro a mi esposa, y como veo que todos los maridos libertinos engañan a la suya, yo, para ser más refinado y perverso que todos, ¡la guardo fidelidad! Y para evadirme a las declaraciones amorosas he descubierto un truco maravilloso. Con-*

---

14 *Ursulinas*: La Compañía de las Ursulinas, fundada por la religiosa italiana Angela de Mérici (1474-1540), es la primera orden religiosa de mujeres dedicada primordialmente a la enseñanza. También las niñas españolas estudiaban con las Ursulinas.

15 *Incoar*: Comenzar los primeros trámites de un proceso, un pleito o un expediente.

16 *Antonio Maura y Montaner* (1853-1925): Político español. Jefe del Partido Conservador y Ministro y Presidente del Gobierno en varias ocasiones durante el reinado de Alfonso XIII. Sus ataques frontales y sostenidos contra el caciquismo provocaron una fuerte oposición a su persona.

17 *Real Academia Española*: Institución cultural localizada en Madrid y fundada en 1713 a imitación de la Academia Francesa. Se dedica a la preservación y el estudio del castellano, con el propósito de «fijar las voces y vocablos de la lengua castellana en su mayor propiedad, elegancia y pureza».

18 *Anatole France*: Anatole Francois Thibault (1844-1924), escritor y pensador francés, recibió el Premio Nobel de Literatura en 1921.

19 *Vicente Blasco Ibáñez* (1867-1928): Prolífico novelista, guionista y periodista del realismo español. Su obras incluyen *Sangre y arena* (1908) y *Los cuatro jinetes de Apocalipsis* (1916), que se convirtieron, con gran éxito, en películas producidas por Hollywood.

20 *Dar calabazas*: Rechazar a un pretendiente amoroso.

testo siempre que yo cobro mil pesetas por una noche de amor, y ya no vuelven a importunarme. Soy la debilidad de las jamonas[21]*. Sin embargo, las mujeres de mi agrado son las que oscilan entre catorce y diez y seis abriles. Precisamente las que por razón de su corta edad están todavía sujetas al yugo de la familia. Yo, con una tobillera*[22]*, me iría ¡hasta gratis!*

—*¿Qué manifestación artística de los suyas la que más le gusta?*

—*Me divierte pintar, me entusiasmo escribir; pero me vuelve loco componer música. ¡Ahí si que soy el amo! Como dibujante de elegancias, creo que soy el primero; como novelista, el único que puede hablar de tú a don Miguel de Cervantes; pero como compositor, soy el enviado de Dios sobre la tierra para redimir al mundo en forma musical. Hasta ahora sólo he cultivado las variedades; pero tengo una ópera en veintisiete actos, titulada «Heliogábalo»*[23]*, que espero ver estrenada en el Real*[24]*. También he compuesto un poema sinfónico sobre motivos de un discurso de Sánchez de Toca*[25]*.*

—*¿Tiene usted ideas políticas?*

—*Soy demasiado joven para pensar en política, pero creo en el positivo talento de tres políticos españoles: Santiago Alba*[26]*, Alejandro Lerroux*[27] *y el conde de Romanones*[28]*.*

---

21 *Jamonas*: Dicho de mujeres que han pasado de la juventud, especialmente cuando son gruesas.

22 *Tobillera*: Se decía de la jovencita que dejaba de vestir de niña, pero que todavía no se había puesto de largo. Para una definición más detallada del término y del uso que le dan Retana y los escritores eróticos de su tiempo, remitimos a la introducción a este volumen.

23 *Heliogábalo*: El emperador romano Marco Aurelio Antonino Augusto (203-222). Durante su reino, desafió las costumbres religiosas y tabúes sexuales de Roma. Reemplazó el diós Júpiter. Algunas historiadores sostienen que se casó con otro hombre en una ceremonia pública. Fue asesinado en un complot y reemplazado por su primo, Alejandro Severo, en 222.

24 *El Real*: Se refiere al *Teatro Real* de Madrid. Construido en la primera mitad del siglo xix, bajo el reinado de Isabel II, es considerado uno de los teatros de la ópera más notables de España y de Europa. Situado en la Plaza de Oriente, frente al Palacio Real, es uno de los edificios más emblemáticos de la capital española.

25 *Joaquín Sánchez de Toca Calvo* (1852-1942): Abogado y político conservador español, fue nombrado alcalde de Madrid en 1896 y Presidente del Senado en 1914.

26 *Santiago Alba y Bonifaz* (1872-1949): Fue Ministro de Marina, Instrucción Pública y Bellas Artes, de Gobernación, de Hacienda y de Estado durante el reinado de Alfonso XIII. Miembro del Partido Republicano Radical, fue Presidente de los Cortes entre 1933 y 1935. Se exilió en Francia durante la Dictadura de Primo de Rivera.

27 *Alejandro Lerroux y García* (1864-1949): Político barcelonés y líder del Partido Republicano Radical. Fue presidente del gobierno durante la Segunda República. Escribió ensayos polémicos en *El País* y otras publicaciones, en las que desarrolló una perspectiva populista, antimilitar y anticlerical. Sufrió el exilio en múltiples ocasiones por sus ideales republicanos.

28 *Álvaro de Figueroa y Torres, primer conde de Romanones* (1863-1950): Fue Presidente del Senado de España, Presidente del Congreso de los Diputados de España, varias veces ministro y tres veces Presidente del Consejo de Ministros bajo el reinado de Alfonso XIII. Formó parte del Partido Liberal de Sagasta y Canalejas. Hombre de gran fortuna financiera, siempre luchó por sus intereses económicos y demostró poca honradez política. Aunque católico, tuvo relaciones poco amistosas con la Iglesia, y hasta el día de su muerte defendió la separación de Iglesia y Estado.

—¿Le produce a usted mucho dinero su arte?
—Doce mil duros[29] anuales. Pero no tengo ni cinco céntimos. Vivo bien y he comprado una casa en un pueblecito cercano a Madrid –donde paso todos los días de fiesta y sus vísperas–, en cuya instalación llevo empleadas en menos de dos años más de cuarenta mil pesetas. Mi ideal es el de cualquiera de mis tonadilleras predilectas: retirarme de la vida airada a los treinta años y vivir tranquilamente una existencia regalada, sin sobresaltos ni trabajos, compartida con la parte beligerante, y, sobre todo, riéndome de esa gente imbécil que ha creído en mi leyenda de amoralidad. No hay en el mundo nadie más exigente en punto a moral que yo. Y no tiene nada que ver el que yo cultive una literatura pecaminosa para que aún conserve intacto e inmaculado el tesoro de mi propia estimación. Por eso me importa tan poco la opinión pública. Me importo a mí mismo, y como de nada vergonzoso tengo por qué ruborizarme ante mi conciencia, me tiene sin cuidado que el vulgo municipal y espeso me juzgue equivocadamente y ateniéndose sólo a una literatura que no tiene más miras que las puramente económicas.

Las personas que me tratan íntimamente saben perfectamente que trabajo catorce o quince horas diarias, que no envidio ni odio a nadie; que mi existencia es plácida, equilibrada y honorable; que no me amargan los éxitos ajenos y que en todos mis actos y compromisos demuestro una corrección intachable.

Adoro a mi mujer, y como Elisa también me corresponde, puede usted decir que me considero el hombre más feliz del mundo, hasta el punto de que ninguna noche concilio el sueño sin rezar a Dios un padrenuestro por haberme concedido salud, talento, belleza, juventud, mujeres bonitas, frescura –sobre todo, mucha frescura–, y todas las dotes que puedan enorgullecer a una criatura humana.

— Artemio Precioso[30]

---

29 *Duro*: Moneda de cinco pesetas.
30 *Artemio Precioso* (1891-1945): Autor de este prólogo a *Los Ambiguos* así como del prólogo a *Lolita buscadora de emociones* también incluída en este volumen. Gran empresario editorial, fundador de la importante Editorial Atlántida, y fundador y director de la famosa colección de novela corta, *La novela de hoy* (1922-1932), en la que aparecen publicadas tres de las novelas de Retana incluidas en este volumen, *Los ambiguos*, *Lolita buscadora de emociones*, y *El tonto*. Autor de pluma desenvuelta, cultiva sobre todo el género de la novela corta erótica y decadente. Pertenece, como Retana, al nutrido e injustamente olvidado grupo de escritores «sicalípticos» del primer tercio del siglo XX. (Para la definición y descripción de los términos «sicalíptico» y «sicalipsis» remitimos a la introducción a este volumen).

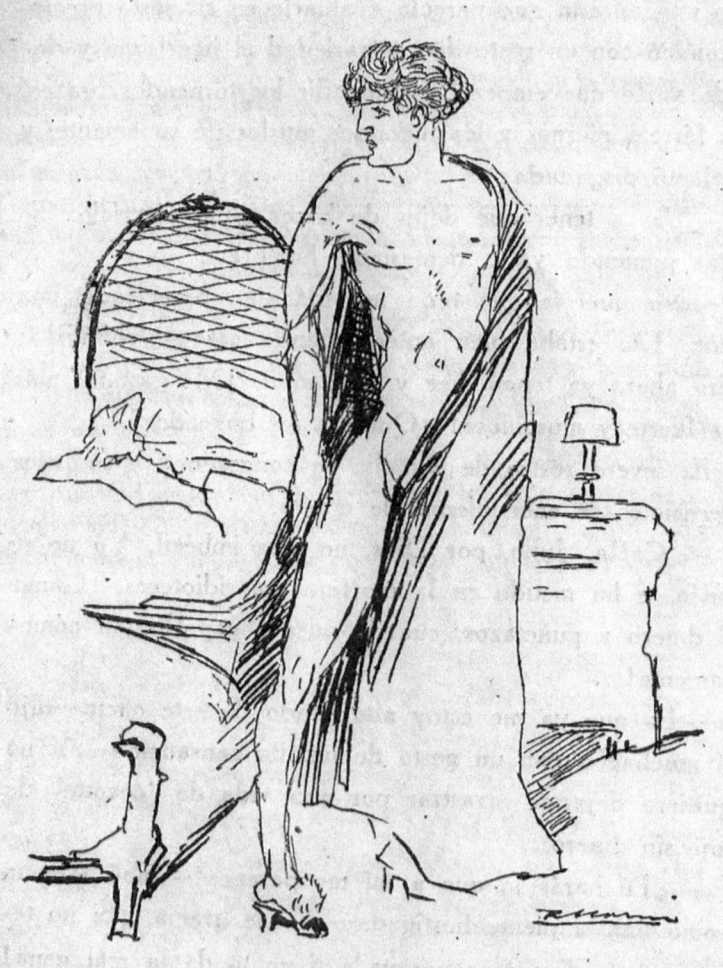

A mi querido y admirado amigo Pepito Zamora[31], que es quien me ha facilitado el pintoresco material para componer esta novela.

– El Autor

---

31 *Pepito Zamora*: José de Zamora (1899-1971). Figurinista y dibujante que empleó el estilo Art Decó en sus ilustraciones y reproducciones de la vida frívola. En Paris, conoció a Coco Chanel, Colette, y a la famosa bailarina Josephine Baker. La moda es un aspecto importante en sus retratos de mujeres estilizadas y elegantemente vestidas. Fue compañero de colegio de Álvaro Retana y gran amigo suyo. Ambos se paseaban por las calles de Madrid elegantemente ataviados y maquillados. Se codeaba igualmente con el escritor y aristocráta Antonio de Hoyos y Vinent, otro intelectual *gay* afamado de su tiempo. Más adelante, Retana apodará a José Zamora «Pepito Rocamora», y lo describirá como «el joven dibujante de elegancias femeninas».

Primera Parte

En las tinieblas de la alcoba cerrada, oliendo a éter[32], a perfumes costosos y a carne limpia y joven, la puerta, abierta bruscamente, proyectó un rectángulo de luz turbia en el que apareció la andrógina silueta de una mujer alta y gentil, cuya gabardina chorreaba tanta agua como el sombrero, de paja coronado de violetas, y en seguida una voz enérgica turbó el silencio de la estancia.

—¡Todavía durmiendo! ¡Vago, más que vago! ¡Qué asquito de hombres! Me está bien empleado por liarme con un *tío*.

La recién llegada atravesó la habitación tropezando con sillas y cachivaches[33], y masculllando soeces juramentos, aproximóse al balcón, cuyas maderas abrió con estrépito, sin cesar en sus letanías obscenas e insultantes. La claridad turbia, de *acuarium*, se hizo más lívida por el reflejo de la lluvia, que golpeaba los cristales, y ella exigió impaciente:

—¡Ya te estás levantando aprisa, gandul[34]!

Algo informe se rebulló entre las sábanas del lecho, cubierto con una colcha de damasco azul *nattier* que armonizaba prodigiosamente con las paredes anaranjadas, y la preciosa arpía, acercándose al lecho, insistió puesta en jarras[35]:

—Vamos, ¿te levantas o no?

Después, tras una corta pausa, reconvino:

—¡Claro! ¡La señorita habrá tomado éter, y por eso estuvo anoche en la juerga[36] como un pasmarote, y ahora no hay manera de despertarle. Pues lo que es así no hay quien gane el dinero. ¡Ay! Si una no fuese una señora, muy señora, ¿cómo iba a aguantar esto? ¡Mire usted que tomar éter! Ya te daría yo a ti...

De entre las blancas sábanas con embozos de encajes surgieron, estirándose perezosamente, unos brazos desnudos y blanquísimos, surcados de venas azules, y luego, de un brusco salto de fiera joven, que arrojó al suelo las ropas de la cama y reveló entera e impúdica su maravillosa desnudez de semidiós, apareció malhumorado y somnoliento el ambiguo y suculento

---

32   *Eter*: El éter etílico, por sus efectos analgésicos y estupefacientes, se convirtió en una droga recreativa, de uso relativamente común, sobre todo entre la población femenina, durante el siglo XIX, y bien entrado el siglo XX.
33   *Cachivache*: Cosa rota o arrinconada por inútil.
34   *Gandul*: Un vago, una persona perezosa.
35   *En jarras*: Con manos en las caderas.
36   *Juerga*: Fiesta o diversion muy animada y ruidosa, que generalmente se acompaña de música, baile y bebidas.

amante de Amalia Díaz de Hinojares, a un tiempo vendedora de caricias nocturnas y proxeneta[37] de la equívoca belleza del muchacho.

—¿Pero es que estés borracha, tan temprano —interrogó él, aun medio dormido, restregándose los ojos y bostezando largamente.

Amalia se dignó sonreír, y expuso:

—¡Temprano! ¡Que te crees tú eso! Son más de las seis de la tarde. ¡No llevo ya andado poco por tu culpa! ¡Y con el tiempo que hace! Por supuesto, que si sigue lloviendo de esta forma vamos a tener que andar por Madrid con zancos. –Después, algo más serena, continuó–: Para esta noche tienes cena en Parisiana[38]. Conque vete vistiendo, alma mía.

Al oír aquello los admirables ojos verdes del muchacho se abrieron desmesurados bajo los revueltos cabellos de oro que le caían sobre la tersa frente, y preguntó:

—¡Cena en Parisiana! ¿Con quién?

Amalia, despojándose del sombrero con parsimonia y ahuecando, ante el espejo, sus obscuras melenas de paje, respondió:

—Son unos amigos de lord Alsemby y de Bemberg. Viven en el Ritz y quieren alternar con los chicos más guapos de Madrid... También quieren... lo que todos. Creo que podremos sacarles mucho dinero antes de que regresen a París. Si los embrollásemos bien, puede que hasta nos llevaran allá con ellos.

El muchacho, ante la promesa alucinante, se puso en pie y se desesperezó definitivamente en todo el esplendor de su belleza de adolescente griego. Amalia le contempló satisfecha; pero no con la voraz expresión que el emperador Adriano[39] hubiera reservado para su favorito Antinoo[40], cuya clásica hermosura evocaba el joven, sino con una mirada que parecía evaluarle en su justo precio. Examinó con un gesto de contrariedad el ligerísimo y dorado vello que empezaba a invadir los torneados brazos, las férreas piernas y los redondos muslos de su amante, y exclamó disgustada:

—Vas a tener que dejar de hacer tanto ejercicio. Te estás poniendo ya... demasiado hombre...

—No querrás que toda la vida siga pareciendo una nena. Eso estaba bien antes, cuando era un chiquillo; pero ahora ya tengo diez y siete años. ¡Me gustaría más ser fuerte y musculoso! ¡Quisiera ser boxeador!

El severo rostro de Amalia se congestionó y sus ojos negrísimos se encendieron de cólera.

---

37 *Proxeneta*: Persona que induce a la prostitución y vive de las ganancias de una prostituta. Chulo.

38 *La Parisiana*: Salon de té, club, y baile, fue lugar de cita popular entre politicos y amantes, con una terraza de verano y una sala de espectáculo. Situado en la plaza Moncloa, fue el primer lugar en Madrid donde tocó una orquesta negra de jazz en 1919.

39 *Adriano* (76 d. C. -138 d. C.): Emperador de Roma, famoso por el amor que le profesaba al hermoso Antinoo.

40 *Antinoo* (110 o 115 d. C. -130 d. C.): Joven de gran belleza y amante del emperador Adriano. Después de su muerte inesperada fue deificado y se le rindió culto. En la antiguedad, y luego a partir del Renacimiento han sido múltiples las obras de arte, sobre todo las esculturas, que han representado su belleza.

—¡Calla, Julio, por Dios, no seas imbécil! Yo no sé quién te ha metido en la mollera esas idioteces. ¡Ganar el dinero a puñetazos cuando puedes ganarlo tan cómodamente!

—Es que ya me estoy aburriendo de este oficio –dijo el muchacho con un gesto de infinito cansancio–. Y no quisiera dejarme arrastrar por esta vida de «cocotte»[41] de lujo sin dinero...

—¡Tú harás lo que a mí me parezca! –silbó Amalia como una serpiente hostigada–: Tiene gracia. ¡Si no tenemos más dinero es porque a ti no te da la real gana! Has de saber que cuando yo *estaba* con la Teresita y con la Milagros y con la Nini, me sobraban los billetes... ¡Como lo oyes!

—¡Las mujeres tenéis más facilidades!... –repuso Julio, poniéndose unos calcetines transparentes de seda gris perla y unos primorosos zapatos de ante del mismo tono de color.

—¡Pero este chico es tonto! –gimió Amalia levantando los brazos al techo, como poniendo por testigo de la idiotez de su amante a todos los santos de la Corte celestial–. Decir eso cuando estás harto de ver que en cuanto entras en Parisiana todos los vejestorios cochinos que van allí se te quedan mirando atontados, como si ya no hubiese mujeres en el mundo! ¡Vale más que te calles, porque acabará dándote un golpe, y no es cosa de que vayas a cenar con la cara estropeada!

Julio encogió resignado sus hombros magníficos, en los que la luz resbalaba como en un ágata perfecta, y comenzó a lavarse. Amalia, desprovista de su gabardina, que había puesto a secar sobre una *chaise longue*[42], yacía derrengada en un sillón, y encendiendo un cigarro que cogió del tocador continuó examinándole con expresión desdeñosa y admirativa, a pesar suyo.

—La verdad es que está guapo el ladrón –pensaba–. Pero es una lástima que se vaya poniendo demasiado macho.

¡Qué diferencia del chiquillo de hacía dos años, cuando le conoció ella llorando en un banco de los jardinillos de la plaza de Colón, abandonado y sin dinero! Se le acercó, curiosa y enternecida por el whisky, interrogó al adolescente, que trataba de ocultar su llanto cubriéndose el rostro con las manos, y él, con una sinceridad pueril y una necesidad de amparo que le hubiese hecho confiarse a cualquiera, relató a la desconocida la aventura que le desolaba.

El había nacido en Barcelona, donde vivía con su padre, empleado de los almacenes de «El Siglo»[43], y numerosos hermanos. En su casa abundaban más los golpes que el dinero, y únicamente se habían emancipado a la tiranía del padre sin corazón y la madre borracha, las dos hermanas mayores, *liadas* con dos señores viejos y ricos, y un hermano que se había marchado a Valencia

---

41 *Cocotte*: Del Francés. Mujer promíscua. Prostituta de lujo.
42 *Chaise longue*: Del Francés. Butaca de asiento alargado sobre el que se pueden estirar las piernas.
43 *Almacenes «El Siglo»:* Grandes almacenes de gran popularidad, situados en Las Rambas de Barcelona desde 1881 hasta 1932, fecha en que un incendio devastador destruyó por completo el edificio.

para ejercer de *crupier*[44] en una casa de juego con honores de *music hall*[45]. En cuanto a él, Julio, el menor de todos, nadie se ocupaba de educarle, y en aquel ambiente de inmoralidad y de bajos instintos fue creciendo en hermosura y en gentileza, tanto que una noche, en el Eden Concert[46], donde prestaba sus servicios como «botones»[47], fue abordado por un anciano aristócrata, asiduo concurrente a los *soupers*[48], que le propuso agregarle a su servidumbre y trasladarle a la corte. El chiquillo acepó, encantado e ignorante, y sin despedirse de su familia siquiera se reunió en la estación con el viejo cuyos ojillos brillaban extrañamente. Por primera vez en su vida, Julio disfrutó del para él increíble esplendor del «sleeping»[49], en donde el aristócrata, por temor al posible escándalo, le dejó dormir solo en la cabina, y cuando llegaron a Madrid tomaron un «auto» y, en pocas horas, el «botones» del Eden Concert, de Barcelona, quedó transformado en un gentleman. Camisas de crespón, calcetines de seda impalpable, tres trajes encargados en un buen sastre –uno de los cuales se lo pudo llevar en el acto, por estar destinado a un gomoso[50] madrileño que tenía las mismas medidas del protegido del aristócrata–, zapatos carísimos, sombreros de la casa más acreditada... Julio creía atravesar por un ensueño alocado de *Las mil y una noches*, y sonreía a su protector ingenuamente agradecido y abrumado por tanta esplendidez.

Transcurrió el día en un encantamiento indescriptible, porque Julio, amodorrado de felicidad, como un gato bajo las caricias, se dejaba llevar por los acontecimientos, sin perder su sonrisa candorosa, y como episodios de las películas aquellas que eran el entusiasmo suyo en el «cine» Monumental[51], fueron volando las horas de aquel primer día de lujosa existencia.

Almorzaron en el Palace[52], donde se alojaban, con damas elegantes y ca-

---

44   *Crupier*: Del Francés. En los casinos o salas de juego, empleado que dirige las partidas y paga a los ganadores.
45   *Music hall*: Del Inglés. Teatro o lugar donde se representan los espectáculos de variedades (números cómicos, acrobáticos o de prestidigitación) en los que la música sirve de telón de fondo.
46   *Edén Concert*: Famoso *music hall* situado en la calle Nou de la Rambla, de Barcelona. Fue inaugurado en 1886, y su periodo de apogeo coincidió con los años diez y veinte del siglo XX. En él se representaban todo tipo de espectáculos, tales como teatro, variedades, prestidigitación, pantomima, cine, canciones, bailes y conciertos. Entre 1914 y 1915, y una vez remodelado, se le llamó provisionalmente *Gran Palais Joyeux*. En 1935, se convirtió en el *Edén Cinema* y con el franquismo pasó a llamarse *Cine Edén*. En los años 80 del siglo XX el edificio fue desmantelado y en su lugar se construyó un parking.
47   *Botones*: Joven encargado de los recados en un hotel o empresa, llamado así por las dos filas de botones que suele llevar su chaqueta.
48   *Souper*: Del Francés. Cena.
49   *Sleeping*: Del Inglés, «sleeping car». Un vagón de tren con camas o literas.
50   *Gomoso*: Hombre presumido y afeminado, que no conoce más ocupación que la de acicalarse, perfumarse y andar vagando todo el día en busca de galanteos.
51   *Monumental*: El *Monumental Cinema*, inaugurado en 1923 como cinematógrafo, servirá la doble función de teatro y de cine. Construído dentro del estilo *Art Decó*, adquirió especial relevancia política en 1935, año en que el Partido Comunista español funda, en la sala del Monumental, lo que será el Frente Popular.
52   *Palace*: *Palace Hotel*, uno de los hoteles más lujosos de Madrid. Fue construido en 1911 en el lugar donde antes se hallaba el palacio del Conde y la Condesa de Medinaceli. Punto de encuentro de las elites, con varias salas de música y baile.

balleros *chics*, que miraban con algo de pavoroso asombro a la extraña pareja, comentando, en voz baja, aquel nuevo capricho del marqués y la torpeza y azoramiento del muñequito rubio, que no sabía comer todas aquellas cosas para él desconocidas.

Después volvieron a salir de compras, luego fueron en «auto» a merendar a la Cuesta de las Perdices[53], y por la noche comieron en el Palace, pero en el cuarto de ellos, porque Julio carecía aún de ropa para bajar al comedor, vestido de etiqueta como el aristócrata hubiera deseado.

—Ya verás qué bien lo vamos a pasar –murmuró el viejo, con los ojos centelleantes de alegría–. Comeremos aquí solitos, como dos tórtolos[54].

Aquello sobresalió al chico, inexperto aún en cierta clase de lances. Casi no tocó a la opípara[55] y bien escogida cena, porque se advertía inquieto, nervioso, invadido por *no sabía qué* absurdo temor, y no hacía sino beber cuanto le servían, con una sequedad de boca y de garganta que no se saciaba con nada.

—¿Tienes calor, nene? –preguntó el viejo con voz velada– ¿Por qué no te aligeras de ropa? Quítate la americana[56]. Ya ves que estamos en confianza. Si quieres puedes desabrocharte el cuello de la camisa. Estás sofocadísimo.

Inconsciente el muchacho obedeció, y al despojarse del cuello de la camisa mostró el suyo, fino y nacarado, y el nacimiento de un pecho de Narciso mitológico.

Y aquello precipitó la catástrofe. El aristócrata, perturbado por la aparición de aquella carne fresca, joven e incitante, se arrojó violentamente sobre Julio con ánimo de besarle ardientemente en la boca, en los ojos y en el cuello, de babosearle todo como un caracol que pretendiese profanar una apetitosa fruta intacta.

Y siempre, inconsciente, Julio recordaba como una pesadilla que por librarse de aquel pulpo opresor le golpeó, primero, débilmente; luego, con más fuerza, y al final, con verdadera saña[57]. Pero el aristócrata, congestionado y sudoroso, lejos de levantarse, gemía dulcemente sin renunciar a acariciar la apetecida golosina:

—¡Anda, rey mío! Pégame. ¡Si eso es lo que yo quería!...

Entonces Julio, exasperado, cogió un pesado candelabro[58] y le dio un golpe en la frente a su inoportuno protector, que cayó de bruces. Al caer al suelo, Julio no le miró siquiera, y echó a correr por los pasillos del hotel hasta ganar la puerta de servicio, por donde salió sin ser notado. Y pasada la ofuscación del momento, ignorando si le habría matado y la Policía estaría ya en su busca,

---

53   *Cuesta de las Perdices*: Un trecho ascendente de la carretera madrileña de La Coruña; se hizo popular durante el fin de siglo y las primeras décadas del siglo XX como lugar de citas amorosas. A lo largo de la Cuesta de las Perdices abundaban los restaurantes y ventas con «reservados,» es decir, pequeños comedores privados en los que primero comían y bebían, y luego hacían el amor las parejas.
54   *Como dos tórtolos*: Como dos enamorados.
55   *Opípara*: Suntuosa.
56   *Americana*: Chaqueta.
57   *Con saña*: Brutalmente.
58   *Candelabro*: Candelero de dos o más brazos que se sostiene por su pie o sujeto en la pared y mantiene derechas las velas o candelas.

sin dinero para emprender el viaje de regreso a Barcelona, ni aun para alojarse en una casa de dormir aquella misma noche, encaminóse por el paseo del Prado hasta la Cibeles, cruzó Recoletos y se sentó en el banco de los jardinillos de Colón, donde Amalia le sorprendiera bañado en lágrimas.

Al oír aquella historia, Amalia, que venía de cenar con una amiga domiciliada en la calle de Goya, y por no encontrar tranvía dirigíase andando hasta su casa de la calle de Génova, echóse también a llorar con una compasión exagerada por los efectos del wisky.

—¡Pobrecito! —suspiró mentalmente—. ¡Tan joven y tan guapo y abandonado, así como un perrito recién nacido!

Pero yo soy una señora, una verdadera señora, y no se dirá nunca que la última de los Díaz de Hinojares deja a nadie en tan triste situación.

—Anda, vente conmigo a casa—propuso ella—. No es precisamente el Palace; pero se está mejor que aquí... Y mañana... Dios dirá...

Julio la obedeció maquinalmente; pero a los tres pasos sus piernas vacilaron y tuvo que apoyarse en un farol, para no caer.

—¿Estás malo?—preguntó Amalia, sosteniéndole entre sus brazos vigorosos—. Entraremos en un café que hay aquí cerca y tomaremos un wisky. Eso siempre sienta bien.

Y le condujo al desierto Café de las Salesas[59], donde después de reanimar al afligido muñeco, se creyó en el deber de narrar su peregrina historia al doncel[60], cuyos ojos esmeraldinos, ya libres del velo de las lágrimas, parecían hipnotizarla.

—Tú no te apures, criatura. Yo soy Amalia Díaz de Hinojares, la última de una de las más ilustres familias castellanas, y aquí, donde me ves, iba para monja y en casa me tenían por santa, o así... Pero una tarde, sin saber por qué, me escapé del convento, vestida de monja y todo, y eché a correr por el campo sin pensar adónde iría a parar... Llegué a un riachuelo donde unos mozos se bañaban y les miré largo rato, asombrada, porque, desnudos y relucientes, bajo el sol, estaban jugando en el agua del arroyo, sin pensar que una buena moza les espiaba. Sin pensarlo más, y con la idea de disfrazarme de hombre con algunas de aquellas ropas, me desnudé yo también, entre los juncos; pero me vieron y, como un tropel de fieras, cayeron sobre mí todos y me violaron allí mismo e hicieron conmigo, desmayada, cuantas atrocidades les vino en gana... Y cuando recuperé el conocimiento me hallé recluída en una casa de salud, donde pasé tres años espantosos, estrechamente vigilada por la voluntad de mi familia... Cuando fuí mayor de edad —continuó la aventurera, sirviéndose otro wisky— salí de la casa de salud, y volví a la mía; pero mi señora madre me recibió de pie, fría y hosca[61], en la antesala donde los retratos de mis antepasados parecían mirarme con odio. Me dio un abultado sobre, y me dijo: «Aquí tienes la parte de fortuna que te corresponde. Vete y no vuelvas más a esta casa». Desde entonces he vivido sola e independiente. Mi aventura

---

59   *Café de las Salesas*: Fue un café popular entre periodistas y escritores, ubicado frente a la Iglesia y Convento de las Salesas de Nuestra Señora de la Visitación.

60   *Doncel*: Muchacho joven y todavía virgen.

61   *Hosco*: Ceñudo, áspero e intratable.

del río me curó para siempre del amor del hombre, y sólo he tenido queridas, que se me han comido el dinero y me han envenenado con los vicios más inconfesables; pero también me han hecho pasar muy buenos ratos. Ahora cuento veintinueve años; pero como verás, los extravíos no me han envejecido ni me han restado encantos. Sigo tan bonita como cuando me preparaban para monja. Ahora los negocios se me han torcido, porque he peleado con mi última amante, una condesa que me daba bastante dinero; mas, sin embargo, no se me arruga el ombligo[62], y lucharé cuanto sea preciso para salir adelante y sacarte a ti también. ¿Verdad que me vas a querer mucho, juguetito mío? Viviremos como maridito y mujer, hasta que tú encuentres otra cosa mejor.

Desde aquella noche, en que el frío, el wisky y la mutua necesidad de caricias, convirtieron a los amigos de hacía una hora en amantes, no se separaron más, y sus vidas se vieron como dos charcos inmundos, desbordados por la lluvia en uno solo.

Y fue una existencia extraña, de larva, en un rincón decorativo y perfumado, la de Julio, porque mientras Amalia desempedraba Madrid[63] para hallar dinero, a fuerza de arbitrios inverosímiles y trucos inexplotados, el chico, por miedo a la Policía, permanecía encerrado en casa de su amante, dormitando casi siempre o tocando el gramófono, hasta que su amante regresaba, malhumorada y vociferante, renegando de su mala estrella[64]. Sólo se consolaba cuando él, mimoso, la hacía mil arrumacos[65], suplicándola «No te pongas así, mujer, que si los tiempos están malos, ya vendrán otros mejores», y se arrojaban como locos al abismo sin fin de las caricias. Ella gozaba lo indecible, desnudándole y recorriendo en besos todo el cuerpo del chiquillo, suave, fragante y armonioso, como una niña que poseyese por un capricho de la naturaleza las iniciales de varón. Amalia le ponía sus ropas a Julito para andar por casa, y éste, dócil y contagiado de la perversidad de ella, se dejaba poner camisas de seda y zapatitos de tacón alto, y se abandonaba lánguidamente en los brazos de ella, que, como si fuera realmente el macho de la pareja, atenazaba a su amante y mordía con frenesí en los redondos hombros y en los sabrosos muslos. Era el amor de ellos algo tan mórbido y cerebral que, lejos de apaciguarlos, contribuía a exacerbar sus anhelos eróticos, y ella, dominadora, original y caprichosa, era quien ideaba truculencias de *boudoir*[66] que sobreexcitaban al chico y le mantenían en un estado de hirviente sensualidad que confortaba a Amalia y la indemnizaba de las contrariedades económicas y los esfuerzos realizados por conjurarlas.

Y así pasaban días y días, hasta que una noche, Amalia, después de cavilar bastante, espetó a su querida esa siguiente discurso:

—Mira, hijito... Como ves, no tenemos dinero, ni cosa que lo valga... y mantenernos en el plan de lujo y de comodidades que disfrutamos cuesta

---

62 *Arrugársele o encogérsele a alguien el ombligo*: Amedrentarse o desalentarse.
63 *Desempedrar Madrid*: Pasear con mucha frecuencia por las calles empedradas de Madrid.
64 *Mala estrella*: Mala suerte.
65 *Arrumaco*: Demostración de cariño hecha con gestos o palabras.
66 *Boudoir*: Del Francés. Alcoba o estancia privada habitada por una mujer. Con frecuencia, tocador, habitación o gabinete que se emplea para peinarse y arreglarse.

mucho dinero. Pero yo tengo guardadas unas pesetas que no quería tocar hasta que estuviese muy apurada, y me las voy a gastar en hacerte un equipo estupendo, para que estés muy guapo y vayas de conquistas conmigo a *Maxime's*, al Ideal[67], al Ritz[68] y a Parisiana... Pero no a conquistar tías, entiéndeme, sino a cazar viejos ricos, de estos que les gustan ciertas cosas... Y luego los traes a casa y las pides los cuartos[69] por adelantado... Y cuando vayan a desnudarse, entro yo, les armo un escándalo, les pido todo lo que lleven encima y pata. ¿Qué te parece?

Amoral, y sin prejuicios, Julio aceptó. Y de aquel extraño modo, aquella inaudita pareja, en la que ella era el chulo[70] y él la *cocotte*, sacaban pingües[71] beneficios, pronto dilapidados en alhajas[72], en banquetes, en corridas de toros, en abonos de coches, en trapos, que no les libraban nunca de su miseria.

Pero vivían a gusto, así y todo, sin haber tenido nunca el menor percance...

Amalia salió de su meditación al oír la voz del chico, que interrogaba:

—¡Mírame! ¿Estoy bien así para esta noche? ¿Crees que podré sacar mucho dinero?

La Díaz de Hinojares le inspeccionó de pies a cabeza, con una serenidad de hermano mayor, y luego sonrió. Estaba guapo de veras el maldito. Los rebeldes rizos que convertían su cabeza en la de un Baco[73] joven, se habían transformado en una cabellera lisa y brillante, como mi casco de oro, y los ojos de esmalte verde parecían aún más inmensos y enigmáticos, bajo el arco perfecto de las cejas. Un traje azul obscuro, irreprochable, moldeaba las líneas helénicas de su cuerpo, revistiéndolo de una elegancia un poco de «gigolo[74]», pero que le iban bien. Algunos detalles, tan sólo, pecaban de falta de refinamiento, de verdadero buen gusto... Pero así y todo, Julio podía pasar como el más atractivo espejuelo[75] para cierta clase de alondras... Por lo menos, así lo pensaba su querida, al decirle:

—A ver cómo te portas... Mañana hay que pagar al casero y al sastre.

El dorado muñeco, mientras pulía sus uñas rosadas, exclamó:

---

67   *Maxime's y el Ideal*: Lujosos establecimientos de moda de los años veinte, escenarios favoritos del alterne y del flirteo de las clases acomodadas madrileñas.

68   *Ritz*: Hotel de lujo situado en el centro de Madrid, construido en 1910 bajo el reinado de Alfonso XIII. Sus salones y restaurantes son lugar de cita predilecto de la alta sociedad madrileña.

69   *Cuarto*: Moneda de cobre española cuyo valor era el de cuatro maravedís de vellón. Se utiliza de forma coloquial para significar «dinero», «monedas».

70   *Chulo*: Individuo de las clases populares de Madrid, que se distinguía por cierta afectación y guapeza en el traje y en el modo de conducirse. También, hombre que trafica con prostitutas y vive de ellas.

71   *Pingües beneficios*: Grandes, abundantes beneficios.

72   *Alhajas*: Joyas o adornos.

73   *Baco*: También conocido como Dioniso. Dios griego del vino, de la locura ritual y del éxtasis.

74   *Gigolo*: Gigoló. Del Francés. Joven que se prostituye sobre todo con mujeres mayores por dinero y regalos.

75   *Espejuelo*: Trozo curvo de madera de unos dos decímetros de largo, con pedazos de espejo y generalmente pintado de rojo, que se hace girar para que, a los reflejos de la luz, acudan las aves, particularmente las alondras, que así se cazan fácilmente.

—Ya sabes que no me doy mala maña[76]... Y esta noche estoy seguro del éxito, porque la perspectiva del viaje a París me animara a hacer locuras. ¿Y tú, dónde vas a cenar?

Amalia hizo un gesto de indiferencia.

—¡Qué sé yo! Donde me pille[77]... Te acompañaré al Ritz, de donde saldréis para Parisiana, y me despediré de ti antes de llegar... Tal vez me acerque yo a Parisiana para probar fortuna en los caballitos. Necesito más dinero del que parece. Quiero que me arreglen los dientes, el pelo, que me quiten estas arrugas... Todavía no soy vieja y me estoy marchitando a pasos agigantados.

En su voz –rota por los alcoholes y los narcóticos– temblaba una rara emoción.

—¿Acaso quieres hacerme la competencia? –rió el chiquillo, envuelto en su abrigo, de un profundo color azul, adornado en el cuello y las mangas con pieles suntuosas, que le daba un aspecto ambiguo.

—No... No es eso –protestó Amalia, enrojeciendo púdicamente–. Es que estoy enamorada, cuando menos pensaba estarlo...

La risa infantil de Julio sonó por el corredor, que iban cruzando a obscuras, y resonó en el hueco de la escalera.

—¡Enamorada tú, Amalia! ¿Y puede saberse de quién?

Ella no le respondió. Y bajaron en silencio la escalera resbaladiza y tortuosa, como los destinos de ambos.

---

76   *No me doy mala maña*: De *dar mala maña*, o hacer mal un trabajo.
77   *Donde me pille*: Una expresión de incertidumbre; donde me encuentre.

Segunda Parte

Sentado en un sillón del «hall» de Parisiana, Julio fumaba, un poco aburrido, un mucho preocupado de la «posse», porque se sabía observado y por costumbre ya adquirida de que sus menores movimientos fuesen el pasmo de las multitudes. Su mano, un poco grande, pero bella, en la que el fulgurar de las uñas era francamente llamativo, llevaba el cigarrillo a los labios, discretamente avivados por el carmín de Persia[78], con un gesto indolente, muy estudiado ante el espejo, y sus admirables ojos de agua marina, hábilmente retocados con Rimmel[79], se entornaban lánguidamente, tras el velo de humo azul, como los de una divinidad a quien molestasen el incienso y la mirra[80].

Indolente y aburrido, Julio pensaba que todo aquel lujo que le rodeaba momentáneamente, como una decoración en la que su personaje era excesivamente breve, debería acompañarle siempre. El contraste entre su vida real, en la casa de Amalia, amueblada con un lujo artificioso, y las comidas problemáticas y escasas los largos días de somnolencia forzada, cuando no tenían un cuarto para salir a la calle, era demasiado grande con aquella corta vida imaginaria, en la que se acercaba a todos los placeres y a todos los refinamientos que, bruscamente, desaparecían al ir a tocarlos con la mano, como en un nuevo y cruelísimo suplicio de Tántalo[81].

Era preciso que aquel juego acabase, y el lujo fuera realidad... Puesto que todo el mundo admiraba su belleza de joven dios, ¿por qué no aprovecharse de su único patrimonio, en vez de desperdiciarle absurdamente? La juventud pasaría, y él no sería más que un hombre, con todas las fealdades y las repulsiones del macho, envejecido en los vicios, peor aún que la vejez de la mujer, porque en el andrógino, lo único codiciable es la juventud, el atractivo de la carne fresca... Y era intolerable que todo fuese por culpa de su amanceba-

---

78 *Carmín de Persia*: Se refiere a un tipo de pintura de labios.
79 *Rimmel*: Una marca de cosmético con el que se pintan y obscurecen las pestañas.
80 *Mirra*: Sustancia resinosa aromática muy valorada en la antiguedad como un componente para la elaboración de perfume. Según la tradición cristiana el incienso y la mirra eran unos de los regalos que los tres Reyes Magos ofrecieron al niño Jesús en la Epifanía.
81 *Tántalo*: Personaje de la mitología griega, hijo de Zeus y la oceánide Pluto. Después de muerto, Tántalo fue torturado eternamente en el Tártaro (la parte más profunda del inframundo, dedicada al castigo de los malvados). Según el mito, una de sus famosas torturas fue que tuvo que tenderse sumergido en un lago, debajo de un árbol abundante de frutas. Cada vez que Tántalo sentía hambre o sed, tanto las aguas como el árbol de frutas se retiraban instantáneamente.

miento[82], con aquella insoportable Amalia, tan loca y tan trucosa que, en aquel momento, ajustaba, con un mercantilismo repugnante, las horas de servicio y el precio de su hermoso amante. Oculta tras las palmeras, ceñida[83] por una túnica de azabache[84] negro y peinada como un paje, Amalia, fingiendo no conocer a Julio, hablaba con un señor de tipo norteamericano marcadísimo, rasurado[85], muy *snob,* muy «de película». De cuando en cuando, ella levantaba un poco la voz, lo bastante para que el fino oído de su amante la oyese y pudiera ir «formándose idea del personaje que debía representar».

—¡Cuánto lo siento, mister! Pero por más que he recorrido Madrid –con este día de lluvia, ya ve cómo me he puesto de agua–, no he encontrado a nadie que pudiera convenirle a usted... Porque comprenderá que, tratándose de usted, no puedo presentarle a un cualquiera, para que luego le dé un disgusto... ¡Y si viese usted de qué poca gente puede responder una! –concluyó con un tono lastimero de Brígida *modern–style.*

El americano parecía impacientarse y querer dar por terminada la conversación; pero la hábil Amalia, al tenderle su mano, para despedirse de él, fingió fijarse de pronto en Julio, que estaba ya en su tercer Dimitrinos[86], y ahogó un grito de júbilo:

—Espere usted... Me parece que he hallado lo que usted busca... Por más que es casi imposible... –rectificó en seguida, después de llamar de este modo la atención del norteamericano, cuyo «monocle»[87] examinó curiosamente al muchacho.

—¿Habla usted de aquel «boy» que fuma en aquella mesa de la esquina? –dijo el yanqui en seguida–. Ya le he visto cuando he entrado... Cenaba con unos franceses que acaban de marcharse. Es verdaderamente «a nice boy» «an interesting boy». ¿Pero usted cree que...?

Amalia fingió asombrarse.

—¡Oh! ¡Nada de eso!... Es un chico de buena familia que está liado con una *cocotte* guapísima, de las más *chic* de Madrid, a la que entretiene con mucho lujo... Lo que pasa es que juega mucho, y pierde, y cuando pierde es capaz de todo, con tal de que sea por bastante dinero... Si usted quiere podría intentar hablarle...

El yanqui clavó en Amalia la fría mirada de sus ojos de acero.

—Well... Me gusta la historia... ¿Pero es ya muy conocida?... Dígame cuánto pide por noche, y acabemos pronto...

—¡Qué malo es usted, míster! –rió Amalia, viendo que la empresa era difícil, y que el «michet»[88] se le escapaba–. ¡Qué cosas tiene usted! Y, además, ya ve que el muchacho es guapísimo, que está bien vestido, y que está mucho mejor desnudo...

---

82 *Amancebamiento*: Trato sexual habitual entre hombre y mujer no casados entre sí.
83 *Ceñido*: Ajustado o apretado a la cintura o el cuerpo.
84 *Azabache*: Piedra semipreciosa, de color negro brillante.
85 *Rasurado*: Afeitado.
86 *Dimitrino*: Marca muy reconocida de cigarillos egipcios.
87 *Monocle*: Del Francés. Monóculo.
88 *Michet*: Del Francés. Cliente de una prostituta.

—Yes... A splendid beauty... Pero... I don't like... Me gustan más los tipos ordinarios, más españoles, más «typical»... En fin... ¿Quiere usted trescientas pesetas?

Amalia fingió escandalizarse.

—¿Está usted loco? ¡Ni siquiera me atrevo a decírselo! ... Con el genio que tiene! Porque ahí, donde usted le ve, no puede figurarse lo ordinario que es... Lo demás es barniz... En fin, por ser para usted estoy segura de tenerle en cien duros y veinte para mí, de comisión... Y ya ve usted que pierdo, porque he estropeado unos zapatos nuevos con esto de no encontrar coches, y un sombrero de Lewis, con la lluvia –terminó calumniando descaradamente al famoso creador de elegancias...

—Bien... Vayan las seiscientas pesetas. ¿Pero será persona de confianza?–interrogó el extranjero, alargando los billetes a la proxeneta.

—¡Oh, míster! Ir con él es como ir con el obispo de Madrid–Alcalá. Voy a avisarle mientras usted coge su abrigo y se reúne con los demás amigos...

Julio, que no había perdido una sílaba, se levantó lentamente y cruzó, con su andar estudiado de bailador de «shimmy»[89], en dirección al guardarropa. Amalia se acercó a él, con su rostro de paje, radiante de júbilo, y murmuró:

—Hecho. Seiscientas pesetas, por lo pronto... y luego lo que tú puedas sacarle. A ver si eres listo, porque el americano no es tonto... ¡Ah! Y no hagas trucos elegantes... Ponte en chulo y en macho, porque por lo visto es lo que le gusta al míster... Y, de todos modos, aunque le traigas a casa, procura no venir demasiado tarde... Ya sabes que el trasnochar te estropea los ojos... Y ten cuidado de abrigarte bien al salir de las tabernas, porque esta noche hay una humedad horrorosa...

El chico disimuló un bostezo de aburrimiento ante tanta excesiva recomendación.

Llegaba el americano, acompañado de otros dos, más jóvenes que él, e igualmente impecables de *toilette*, y una mujer, muy delgada, muy pálida, envuelta en un manto de terciopelo turquesa, orlado[90] de pieles azules. Amalia hizo una breve presentación, con una elegancia en que se veía su alcurnia[91] lejana:

—Míster: presento a usted al señor don Julio de Sierramorena, hijo del marqués del mismo título, que tiene un verdadero placer en acompañar a ustedes...

Hizo una reverencia digna de la Corte de Versalles[92], y luego desapareció, dejando a Julio intimidado un momento ante las miradas impenetrables, un

---

89 *Shimmy*: Un baile de salón que estuvo de moda en torno a los años veinte. Se caracteriza por una postura totalmente rígida del tronco, los codos ligeramente doblados y un movimiento alterno de los dos hombros: al avanzar el hombro derecho, se echa hacia atrás el izquierdo y viceversa, pero sin cambiar la posición de las manos. Nació en los Estados Unidos, y su fuente de inspiración lo fueron ciertos ritmos negros de fines del siglo XIX.
90 *Orlado*: Adornado el borde de una cosa o vestido con algún motivo decorativo.
91 *Alcurnia*: Alto linaje.
92 *Versalles*: Se refiere al antiguo palacio real francés, construido en 1624 y, especialmente, a las costumbres lujosas y el estilo exageradamente refinado de la corte francesa establecida en dicho lugar, que tuvo su apogeo en el siglo XVIII.

tanto despectivas, de los elegantes. La dama de azul murmuró algo al oído de uno de los efebos[93] transatlánticos, que le hizo sonreír irónicamente, aunque luego contestó: ¡Oh!... Antinoo, no. Todo lo más «a splendid Greek slave»...

—¿Dónde le parece a usted que vayamos? —Interrogó el americano, haciendo subir a sus acompañantes al magnífico Rolls Royce que esperaba, bajo la lluvia fina.

Julio dió una orden al *chauffeur*, en voz baja, porque los porteros de Parisiana estaban oído alerta, y el «auto» arrancó hacia la orgía de costumbre.

---

93 *Efebo*: Palabra griega que significa «adolescente». El efebo tiene siempre un aire sexualmente indeterminado o afeminado.

Tercera Parte

Todavía se oían gritos, quejas e insultos al final de la obscura calleja, y a la puerta del pintoresco Café de la Encomienda[94] se agitaban siluetas negras, como en un macabro «guignol»[95]. Hacía ya largo rato que el «auto» esperaba, en las sombras, desde que la reyerta[96] estalló, y dos guardias se llevaron, arrastrando, a un trágico pelele[97], borracho, o tal vez con el corazón atravesado por la navaja de su contrincante, y los elegantes dudaban, atraídos por el convencional espectáculo de una riña de barrios bajos, indecisos por temor a verse complicados en un asunto desagradable.

—Esto parece de un film de «apaches»[98]–exclamó la dama, banal y posando de audaz–. No falta más que ver salir de la taberna a la Bertini[99], desmelenada, y con una túnica de brocado.

—No; pues le aseguro a usted–afirmó Julio–que en estos barrios no es como en Les Halles[100] de París, en donde dicen que todo es truco y los guardias esperan sentados a la puerta, ni como en el barrio de Atarazanas[101], de Barcelona, donde todo se va en palabras... Aquí las discusiones son de gentes del bronce[102], que terminan siempre navaja en mano...

—¡Oh! ¡Es very interesting! –exclamó la dama, envolviéndose en su manto resplandeciente, para bajar del coche– *¡Oh, dear, dear Charlie!* ¡Entremos! Yo tengo mi «browning»[103] en el bolso de mano...

Los americanos se encogieron de hombros, poco seducidos ante la idea de un escándalo en un barrio equívoco. Pero Julio, que tenía poco interés en trasnochar, y que por otra parte veía casi fallidas las esperanzas de Amalia, porque ninguno de sus acompañantes parecía interesarse por su belleza, exclamó:

---

94 *Café de la Encomienda*: Café cantante madrileño situado en la calle del mismo nombre donde tocaron algunos de los mejores maestros de flamenco en los principios del siglo XX, entre ellos Joaquín Tabaco y Sebastián el Pena.
95 *Guignol*: Guiñol. Representación teatral por medio de títeres manejados con las manos.
96 *Reyerta*: Contienda, altercación o pelea violenta.
97 *Pelele*: Muñeco; persona que se deja manejar por otras.
98 *Apache*: Bandido o salteador de París y, por extensión, de las grandes poblaciones.
99 *Bertini*: Francesca Bertini (1892-1985). Una actriz italiana, estrella del cine mudo.
100 *Les Halles*: Mercado histórico ubicado en el centro de París.
101 *Atarazanas*: Astillero histórico que se ubica en el quinto distrito o «Barrio Chino» de Barcelona, conocido en los años veinte por el tráfico y consumo de drogas, la prostitución y la delincuencia.
102 *Gentes del bronce*: Gente resuelta y pendenciera, delincuentes urbanos.
103 *Browning*: Nombre de una marca de pistola.

—Yo creo que este café tiene poco que ver... Y, además, después de la llegada de la Policía no debe quedar nadie...

El yanqui del monóculo decidió, glacial:

—La señorita quiere... No hablemos más...

Y bajando del «auto» entraron en el café, seguidos de Julio, silencioso, un poco humillado por el tono despectivo del extranjero.

El Café de la Encomienda, visto por dentro, no tenía absolutamente nada de terrorífico, sino un aspecto honrado, apacible y provinciano. Sobre los muros, muy sucios, algunos espejos y gran profusión de carteles, unos anuncios de anís[104] o sidra[105] y otros de cupletistas[106] y toreros. Una anaquelería[107] con botellas de colorines agrios. Un mostrador de cinc, en el que gorgoteaba[108] el agua con ruido monótono. Mesas pintadas de obscuro, manchadas de vino y de comidas, y en un rincón un gato blanco y apacible, que se atusaba[109], cuidadoso y nimio[110], bajo la jaula de un loro desplumado, que dormitaba en una pata.

En el centro del salón, escasamente iluminado, levantábase un tabladillo[111] de madera, que tenía por fondo unas cortinas rojas y un espejo, y por una escalerilla lateral subían al hipotético escenario las artistas del cuadro flamenco. Un pianista ético aporreaba[112] el piano cuando tenía por conveniente, y media docena de mujeres, ataviadas[113] con churrigueresca[114] profusión de lentejuelas[115], cantaban o hallaban incongruencias pintorescas. De cuando en cuando un tocador de guitarra, vestido con un traje de alpaca blanco, instalábase en medio del tabladillo y tocaba para que zapatease una mujerona gorda y fofa[116], enjaezada con un mantón de Manila[117], descolorido y gra-

---

104 *Anís*: Aguardiente o licor confeccionado con la semilla del anís.
105 *Sidra*: Bebida alcohólica espumosa que se obtiene por la fermentación del zumo de las manzanas. Muy común en España, y producida y consumida sobre todo en Asturias.
106 *Cupletista*: Artista femenina que canta un tipo de canción conocida como «cuplé». Las cupletistas —verdaderos *sex symbols* de la época— fueron enormemente populares en la España de los años veinte y treinta, y enriquecían —junto con los toreros— el imaginario popular español.
107 *Anaquelería*: Conjunto de anaqueles, o tablas puestas horizontalmente en los muros, o en armarios, alacenas, etc., para colocar sobre ellas libros, piezas de vajilla o cualesquiera otras cosas de uso doméstico o destinadas a la venta.
108 *Gorgotear*: Dicho de un líquido o de un gas. Producir ruido al moverse en el interior de alguna cavidad.
109 *Atusar*: Arreglarse, acomodarse el pelo. En este caso, el gato se «atusa,» y limpia, con la lengua, la pelambre.
110 *Nimio*: Prolijo, minucioso, escrupuloso.
111 *Tabladillo*: De tablado, escenario de teatro.
112 *Aporrear*: Golpear insistentemente.
113 *Ataviado*: Compuesto, aseado, adornado.
114 *Churrigueresco*: Recargado, de mal gusto.
115 *Lentejuela*: Planchita redonda de metal u otro material brillante que se usa, como adorno, en los bordados de ciertos vestidos.
116 *Fofo*: Esponjoso, blando y de poca consistencia. Sin forma muscular.
117 «*Enjaezada con un mantón de Manila*»: Ataviada, adornada con un mantón de Manila. Un mantón es un pañuelo grande con flecos que se echa sobre los hombros de las mujeres. Los mantones de Manila, vestimenta típica de la española castiza, son mantones de seda y cubiertos de bordados de vistosos colores, normalmente originarios de la China.

siento, y el pelo endurecido y brillante por la bandolina[118]. El resto de las artistas jaleaban con palmas[119] a la bailadora[120], y cuando menos se lo esperaba el público, otra de ellas rompía a cantar *por bulerías*[121] peripatéticas[122]

> *Ay, mamá,*
> *Ay, mamá,*
> *a mi papaíto le van a matar.*

Después de haberse acomodado la comitiva en un rincón del café, la dama de las pieles azules, con un geste desilusionado, se volvió a sus amigos:

—¡Pero si no hay nadie! Si no hubiésemos asistido de lejos al drama, creería que habíamos soñado. Porque éste es un sitio tranquilo y honesto...

—No lo crea usted –interrumpió Julio, con una sonrisa–. No hay que fiarse de las apariencias, sobre todo en Madrid. Todo esto les parecerá poco peligroso; pera ya han visto la facilidad con que ha surgido la tragedia.

Dos mujeres de las del cuadro flamenco se acercaron a la mesa de los elegantes, llamadas por Julio, y éste la presentó a sus nuevos amigos.

—Les presentó a ustedes a la Perla y a la Rizada, las mejores bailaoras, en su género, que han pasado por este local.

Las dos eran gitanas, con los ojos sombreados de ojeras violáceas, y sonreían con afectación. La Perla contaría diez y siete años, y era una morena excesivamente frágil y precozmente aviejada por la clase de existencia que arrastraba. Era huérfana de padre, todavía honrada, y con el producto de su trabajo mantenía a su madre, paralítica, y a tres hermanitos pequeños. El destino habíala confinado en aquel café de camareras, frecuentado por una concurrencia[123] poco escrupulosa, que en cualquier momento estaba dispuesta a atentar al pudor[124] de la chiquilla, de palabra o de obra. Parecía un estatuilla de *terracotta,* y reconociéndose insignificante para alternar con el señorío[125], guardaba un discreto silencio, recreada en la contemplación de las joyas de la dama. En cuanto a la Rizada, era una buena moza, guapetona y vulgar, cuya cabellera parecía un montón de virutas[126], y, a pesar de sus treinta y tantos años, conservaba en el rostro un aspecto estúpido de bestia noble y fácil. La Perla y la Rizada permanecieron de pie a la expectativa, guardando compostura, y mientras una camarera de abundantes senos y retadora grupa[127] fuese a buscar los licores y cervezas encargados por los señores, el americano más viejo exclamó, sin perder su aire despectivo:

---

118 *Bandolina*: Pomada para el cabello, brillantina.
119 *Jalear con palmas*: Animar con palmadas.
120 *Bailaora*: Bailarina de flamenco.
121 *Bulería*: Cante popular andaluz de ritmo vivo que se acompaña con palmoteo.
122 *Peripatético*: Ridículo, extravagante.
123 *Concurrencia*: Conjunto de personas que asisten a un acto o reunión.
124 *Atentar al pudor*: Ofender la modestia de una persona.
125 *Alternar con el señorío*: Conversar con los elites.
126 *Viruta*: Hoja delgada que se saca con el cepillo u otras herramientas al labrar la madera o los metales, y que sale, por lo común, arrollada en espiral.
127 *Grupa*: Ancas de una caballería. En este contexto, «retadora grupa» viene a significar «trasero prominente».

—Well... Pero esto es muy aburrido... Yo pensaba ver algo más apasionante.

Julio, en cuyo hermoso rostro duraba, a pesar suyo, un gesto malhumorado, murmuró:

—En todo caso no es culpa mía. Ya dije que no valía la pena de entrar... No se encuentran las cosas cuando uno las busca.

—Con dinero se debe tener todo.... Y cuando uno paga puede exigir...

Julio reprimió, a duras penas, una grosería. Después de todo, él no perdía nada, porque aquella gente no parecía asequible a trucos ni a chantajes, sobre que ninguno de ellos demostraba el menor interés por la hermosura de su cicerone[128], a quien miraban con cierto aire indefiniblemente burlón... Pero pensó en la cólera de Amalia si lo echaba todo a rodar[129], y se contuvo.

—Puede que ahora llegue gente... En estos sitios cuanto más tarde, hay público más pintoresco...

La Perla y la Rizada, entre tanto, intimidadas por la presencia de la dama de azul, cuyo manto, al entreabrirse, dejaba ver una suntuosa túnica de plata, sobre la que resbalaban los hilos de perlas, optaron por retirarse.

—¿Quiere usted que retengamos a alguna de esas artistas?

—No. Si quisiera, ya lo hubiese dicho –respondió, sin mirarle, el efebo americano.

Los ojos verdes de Julio fulguraron como un lago bajo la tormenta; pero volvió a dominarse, encendiendo lentamente un cigarrillo.

Bebieron en silencio. Y a medida que iban vaciándose las botellas de licores, los yanquis fueron perdiendo su empaque[130] rígido, y en los fríos rostros enjutos[131] brilló una alegría ficticia y brutal.

Ahora charlaban en Inglés entre ellos, con grandes risotadas, sin que Julio pudiese comprender el sentido de sus frases. Un momento la dama ocultó, ruborosa, el rostro escuálido y pintado tras su inmenso abanico de plumas negras, y ellos continuaron riendo, tratando de convencerla de algo realmente insólito. Por fin, uno de los dos más jóvenes explicó a Julio:

—Queremos que alguna de esas mujeres baile flamenco... Pero desnuda del todo, ¡claro!

La dama volvió a ocultar el rostro entre las plumas sombrías, y Julio, acostumbrado a no sorprenderse de nada, respondió, sin embargo:

—Eso es casi imposible... Ninguna de estas artistas se prestaría a complacer a ustedes. A ellas las pagan solamente para bailar en el tablado o para conversar con los clientes que tengan a bien invitarlas.

—Cuando uno paga, puede tenerlo todo –decretó en Inglés el efebo. Pero Julio le comprendió instintivamente, y hostil ya, respondió:

—En América, puede... En España, no...

---

128 *Cicerone*: Del Italiano. Persona que enseña y explica las curiosidades de una localidad, edificio, etc.
129 *Echarlo todo a rodar*: Echarlo todo a perder.
130 *Empaque*: Seriedad, gravedad, con algo de afectación o de tiesura.
131 *Enjuto*: Delgado, seco o de poca carne.

Con la terquedad del borracho, el yanqui repuso:
—La señora tiene ese capricho y hay que complacerla... Para eso paga...
Se levantó tambaleándose y, brutal, se acercó a la Perla, quien se dirigía al escenario, bien ajena a la hecatombe[132] que se avecinaba. Y con un brusco manotazo de jugador de *baseball,* la detuvo en el primer peldaño de la escalera, gruñendo:
—Antes de subir, quítate la ropa. Queremos verte bailar desnuda.
La chiquilla, encrespada[133] por lo que había de ofensivo en la inesperada petición, y al mismo tiempo amedrentada[134] por la fuerza de aquel Hércules que la oprimía, protestó con timidez:
—No, señor; ¡yo qué voy a bailar desnuda!
—Te daremos el dinero que pidas.
—Ni por todo el oro del mundo.
Obcecado[135] por el alcohol, el norteamericano cogió a la chiquilla por la cintura, frágil como un tallo, y rugió amenazador:
—Desnúdate y baila, o si no te pego...
Unánimemente las demás mujeres protestaron, atronando con sus improperios el café, donde no había quedado más clientela que los acompañantes de Julio.
—¡Canalla![136] ¡Chulo!
—¡Asqueroso! ¡Tú qué vas a pegar!
—¡Pega a la tía zorra que traes, que parece una escoba!
—¡O a tu madre, ladrón!
Desdeñando los insultos, que tal vez no entendía, el borracho continuaba sujetando a la bailarina, arrancándola el traje a tirones y riendo estúpidamente. La muchacha forcejeaba[137] desesperada, con la cabellera en desorden en torno al rostro lívido y bañado en lágrimas. De pronto lanzó un grito agudo:
—¡Ay! ¡Bestia! ¡Que me has hecho sangre!
Por uno de sus hombros corría un hilillo de sangre, y la bailarina, al verlo, se tronchó[138] como si fuese a desmayarse; pero se irguió de nuevo y escupió al rostro del borracho, furiosa. El yanqui la soltó tan bruscamente, que la chiquilla se tambaleó, y fue a caer de espaldas sobre una mesa, en un estrépito de copas rotas y de platos que se derrumbaron.
Las mujeres corrieron a levantarla. Se había hecho otro rasguño en un brazo, de donde manaba roja la sangre sobre el vestido rosa, hecho jirones, y mientras, el borracho se limpiaba el rostro blasfemando:
—Te acordarás de mí... *¡Whores! ¡Damned whores!*
Sin saber por qué, él mismo tal vez no se dio cuenta de su arranque súbito,

---

132 *Hecatombe*: Desgracia, catástrofe.
133 *Encrespado*: Enfurecido, irritado.
134 *Amedrentado*: Acobardado, asustado.
135 *Obcecado*: Cegado, deslumbrado, ofuscado.
136 *Canalla*: Gente baja, ruin.
137 *Forcejear*: Oponerse con fuerza, hacer fuerza para vencer una resistencia.
138 *Troncharse*: Partirse por la mitad, romperse. En este contexto, caerse.

Julio se levantó con un salto de fiera, abandonando su mutismo de esclavo indiferente, y se arrojó al cuello del juerguista, que iba de nuevo a caer sobre su víctima.

—Haga usted el favor de dejar a esa mujer...

El otro se soltó de las garras del muchacho con una brusca sacudida:

—Mézclese usted en lo que le importe... Yo hago lo que quiero.

—En su país. Aquí, no...

Y no hablaron más. Pero todo el rencor de Julio, todas las humillaciones devoradas en silencio, todo el odio hacia los que le habían despreciado, tratándole como a un animal de lujo a quien se paga, impulsaron los músculos nuevos, poderosos, del muchacho, y bajo su opresión empezó a ahogarse el elegante, congestionado, impotente para escaparse de la asfixia.

Pero, como en un brusco recurso teatral, dos tiros impidieron que el muchacho continuase oprimiendo la garganta del norteamericano. El borracho irguióse, respirando ansiosamente después de haber sentido la muerte *muy de cerca,* y Julio cayó al suelo mortalmente herido. Las mujeres gritaron despavoridas[139], refugiándose en los rincones, y solo quedó en el centro del café, pálida y serena esgrimiendo su browning, la dama de las pieles.

MADRID, ENERO 1922

---

139 *Despavorido*: Lleno de pavor, muerto de miedo.

Lolita buscadora de emociones
Novela

por Álvaro Retana

Ilustraciones de M. Redondo

Todas las ilustraciones son de la edición original de la novela (Madrid: Colección *La novela de hoy*, 1923). (Dibujos de Manuel Redondo).

A Modo de Prólogo

El novelista de la buena sombra.

Al dirigirme a casa de Alvarito Retana me pregunto por el camino mentalmente: ¿Con qué novedad insólita me sorprenderá hoy el delicioso humorista?

Porque el principal atractivo del joven escritor, considerado por Missia Darrys[1] como el novelista más guapo del mundo, no es esa sensacional belleza de que tanto presume con infantil cinismo, ni siquiera su gran talento de literato, dibujante o compositor. Lo más encantador de Alvarito Retana es su humorismo y su cordialidad, que le hace ser simpático a cuantos tengan que entenderse con él.

Álvaro Retana ha tenido el acierto de componerse un tipo original, mezcla de travesura y perversidad, de candor y de cinismo, que le hacen tan interesante como cualquier personaje de sus obras. Otros autores conquistan al público merced a sus producciones. Álvaro Retana, espíritu moderno educado en las artes reclamistas de los grandes artistas extranjeros, todo lo sacrifica ante el éxito personal, que es, a la postre[2], lo que aporta el éxito literario.

Y Retana, que ha triunfado por sus «boutades»[3], que advierte el regocijo con que la gente le celebra sus ingeniosos trucos, se desvive constantemente por complacer a sus admiradores.

No es posible dar idea de lo BUEN CHICO *que es Retana en su intimidad. De los tesoros de ternura que guarda para las personas que le rodean. Nada endiosado, posee una modestia encantadora, de la cual si prescinde en público es porque cree que con ello hace rabiar a los de la acera de enfrente[4] y satisface a sus partidarios. Retana no tiene más defecto que sus libros. Pero lo más curioso es que sin estos inconvenientes el público no habría llegado a estimarle. Se ama lo que hay en Álvaro de despreocupado, sus audacias, sus incongruencias, y lo malo que se cuente de él contribuye a hacerle más sugestivo. A ningún otro artista español se le perdonarían las pillerías[5]*

---

1   *Missia Darrys*: Nombre de una presunta escritora extranjera (posiblemente una invención retaniana o por parte de la editorial), cuya nombre aparece en campañas publicitarias. Un anuncio, por ejemplo, impreso en la contraportada de una de las novelas publicadas por la Editorial Atlántida advierte: «Álvaro Retana, el singular artista tan admirado en su triple personalidad de literato, dibujante y compositor, proclamado por MISSIA DARRYS el novelista más guapo del mundo, ofrece a la veracidad de las innumerables mujercitas que le adoran, su nueva obra...» Es irónico que el comentario sea sobre la belleza física del autor, en vez del contenido del libro.
2   *A la postre*: Al final, por último.
3   *Boutade*: Del Francés. Intervención pretendidamente ingeniosa, destinada por lo común a impresionar.
4   *Ser de la acera de enfrente*: Ser homosexual.
5   *Pillería*: Travesura, picardía.

que a Retana, porque el público ha adivinado el juego y no puede condenar lo que comprende que es únicamente un recurso para atraerle.

Son las tres de la tarde.

Un sol espléndido, casi primaveral, inunda de alegría el cielo azul, sin nubes. Álvaro Retana, envuelto en su gabardina azul marino y calzados los guantes de color marfil, como cualquier «guayabo»[6] de sus libros, se dispone a salir cuando mi entrada en su despacho le sorprende.

—¡Ah! ¿Es usted, Artemio?[7] —exclama el tobillero vitalicio[8], estrechando la mano que le tiendo.

—¿Por lo visto esperaba usted a otra persona?

—Cierto. Al maestro Amalio, mi colaborador en arte frívolo. Amalio tiene una soberbia moto, y los días como hoy salimos de excursión. Amalio guía con una precisión tan admirable, y su Harley Davidson me inspira tanta confianza, que no vacilo en acomodarme en el soporte, y, con algún par de amiguitas en el sidecar, nos vamos a merendar a mi finca de Torrejón[9].

Luego, tras una corta pausa, continúa Retana:

—¿Qué le trae por aquí?

---

6   *Guayabo*: Muchacha joven y atractiva. Retana, habitualmente, utiliza el término de «guayabo» pare referirse a los muchachos cuya belleza admira, y reserva el término de «tobillera» para las beldades femeninas. Para una definición más detallada del término «guayabo» y del uso que le dan Retana y los escritores eróticos de su tiempo, remitimos a la introducción a este volumen.

7   *Artemio*: Se refiere a Artemio Precioso (1891-1945), autor de este prólogo a *Lolita buscadora de emociones* (así como del prólogo a la novela corta *Los ambiguos* incluída en este volumen), gran empresario editorial, fundador de la importante Editorial Atlántida, y fundador y director de la famosa colección de novela corta, *La novela de hoy* (1922-1932), en la que aparecen publicadas tres de las novelas de Retana incluídas en este volumen, *Los ambiguos*, *Lolita buscadora de emociones*, y *El tonto*. Autor de pluma desenvuelta, cultiva sobre todo el género de la novela corta erótica y decadente. Pertenece, como Retana, al nutrido e injustamente olvidado grupo de escritores «sicalípticos» del primer tercio del siglo XX. (Para la definición y descripción de los términos «sicalíptico» y «sicalipsis» remitimos a la introducción a este volumen).

8   «*Tobillero vitalicio*»: *Tobillero*, de «tobillera», se dice de la jovencita que dejaba de vestir de niña, pero que todavía no se había puesto de largo. Para una definición más detallada del término y del uso que le dan Retana y los escritores eróticos de su tiempo, remitimos a la introducción a este volumen. *Vitalicio*: Dicho de un cargo, de una merced, de una renta, etc. que duran desde que se obtienen hasta el fin de la vida. En este contexto, «tobillero vitalicio» significa que Retana es hombre siempre jovencísimo e inmune a la vejez.

9   *Torrejón de Ardoz*: Municipio residencial situado en la zona este de Madrid. Conocido porque en sus cercanías se encuentra el aeropuerto de Barajas. En tiempos de Retana, era un pueblo de las afueras de Madrid. Retana se compró una finca en Torrejón de Ardoz, y la adaptó al estilo de las casa andaluzas, como cuenta con evidente gracia en el prólogo a *El tonto*, novela corta incluída en este volumen: «Ahora [mi finca de Torrejón la] estoy transformando en un verdadero y palpable palacio episcopal. Me han puesto unas rejas sevillanas en la portada, hechas en una cerrajería artística, con arreglo a modelos del siglo XVII, que son idealidades. Mi patio andaluz, con rejas, azulejos, celosías, estanquito, surtidores y bancos, es una preciosidad. En la fachada he puesto una Virgen de la Macarena en azulejos, también hecha para mí, que dan ganas de gritar ¡viva Sevilla, que es lo mejor del mundo! Toda mi finca rebosa andalucismo, porque yo, aunque por desgracia no nací en la tierra de María Santísima, soy tan andaluz de espíritu como si hubiera nacido en el corazón de aquella región de maravilla».

—*Vengo a pedirle el retrato suyo, que ha de ir en la cubierta de* Lolita buscadora de emociones.

—*Ahora mismo* —exclama Álvaro, *dirigiéndose a uno de los cajoncitos de su librería. Y luego, después de haber escogido uno entre el centenar de fotografías de Cartagena y Novillo, que revisa vertiginoso, añade*—: *Voy a darle éste, que ha sido hecho hace dos días, para que mis admiradores comprueben que sigo en plan de guayabo, monísimo.*

—*¡Cualquiera le conoce a usted! ¡La verdad es que con los retratos que da usted al público no hay manera de identificarle en la calle!*

—*Pues eso es, precisamente, lo que yo me propongo. Darle al público la sensación de un novelista en todo de acuerdo con sus producciones. Y, sobre todo, seguir saboreando las ventajas de pasar inadvertido en todas partes, sin los inconvenientes de la celebridad personal. ¡No puede usted imaginarse lo que a mí me fastidia ser reconocido cuando asisto a un teatro, a las carreras, a un* cabaret, *a las toros o adonde sea. Me entusiasma advertir que nadie se fija en mí, y que me escamoteo*[10] *a la curiosidad general. ¡Poder hablar con mi vecina de mesa en un café o con mi compañero de butaca en el* cine *sin que se sepa quién soy! ¡Qué delicia! ¡Poder buscar una aventura con una criatura que no nos atiende por nuestra celebridad sino por nosotros mismos! ¡Mi mayor placer es seguir por la calle a una modista y que ella me permita un abordaje, creyendo que realmente me llamo Carlos Ruiz! ¡Entonces es cuando verdaderamente puedo estar seguro de que he realizado una conquista! ¡Me revienta que me amen por mi firma! ¡Que se busque mi amistad por ser quien soy! Hay momentos en que quisiera verme despojado de mi leyenda de chico guapo, generoso y amoral, para asistir al desfile de mis adoradoras y a la deserción de mis incondicionales.*

—*Es usted el único artista a quien contraría su popularidad.*

—*Me agrada contar con la predilección del GRAN PUBLICO, que mi nombre sea conocido por todo el mundo, para bien o para mal, y que mis retratos rueden de Norte a Sur y de Este a Oeste; pero en mí hay dos Álvaros Retana: uno, el artista estrepitoso, hambriento de notoriedad; el ESCLAVO del PUBLICO, el niño turbulento, siempre dispuesto a promover un alboroto que regocije a sus admiradores, y otro, el chico sencillo y modesto, el burguesito todo corazón, enemigo del bullicio*[11], *que desea guardar el incógnito y vivir exclusivamente para su idilio con la parte beligerante. Toda la luz para mi nombre; toda la oscuridad para mi persona. Todo el escándalo para el artista; todo el silencio para el hombre. ¿Me entiende usted? Ahora comprenderá por qué yo, que soy bastante suculento, según puede comprobarse por mis fotografías o examinándome en Manuel Silvela, 10,*[12] *donde todas las tardes concedo audiencia gratuita a los curiosos, procuro en la calle aparecer como un ente vulgar, sin alicientes llamativos.*

—*Su teoría será equivocada o no; pero al menos es original.*

---

10   *Escamotearse*: Desaparecer, escaparse.
11   *Enemigo del bullicio*: Enemigo del ruido, de la fama y de la notoriedad.
12   *Manuel Silvela*: Calle ubicada en pleno centro de Madrid, en el barrio de Salamanca. En efecto, Retana tenía su domicilio en Manuel Silvela 10, y en él recibía múltiples visitas.

—Es mi única virtud en arte, aunque otra cosa intenten demostrar los amargados.

—Fuera del arte, ¿tiene usted virtudes?

—¡Hombre, no soy un santo; pero tampoco soy tan malo como alguien me supone! Soy un artista que vive consagrado al estudio y que me limito a trabajar, sin preocuparme de lo que hagan los demás, aunque sea en contra mía. El odio, la envidia y la tristeza del bien ajeno, afean y envejecen a quien se deja dominar por ellos. Yo no quiero mal a nadie, no envidio a nadie, y me tienen sin cuidado los éxitos de los demás. Vivo apartado de otra lucha que no sea el trabajo. Laboro incesantemente, ayudo en cuanto puedo a los artistas nuevos que se acercan a mí, y esto es lo que me mantiene redondo, hermoso, joven y contento. Mi felicidad es tanto más estimable, porque no se la debo a nadie más que al PUBLICO. Me la he conquistado yo solo, a fuerza de actividad y sacrificios, procurando ser grato a mi dueño y señor. No creo poseer talento excepcional. Pero cuento con el tesoro de mi amor al trabajo. Me enferma estar ocioso. Vivo entregado a la fiebre de producir: novelas, crónicas, figurines, melodías. Todo lo que sea ameno y frívolo.

—¿Es usted creyente?

—Lo he sido siempre. Mi familia me ha educado en el temor de Dios. Debo decirle que yo no creo en esos santos de ramillete de confitería con las barbas rubias y túnicas de colorines. Pero creo en un Dios Grande, Justo y Todopoderoso. Un ser admirable, principio y fin de todas las cosas, que vigila nuestros pasos en la vida. No tiene nada que ver que yo sea el escritor más libertino de mi época para que tenga creencias religiosas y cumpla los Mandamientos de la Ley. Amo a Dios sobre todas las cosas; no juro su santo nombre en vano; santifico las fiestas; honro padre y madre; no mato; en lo que afecta al sexto mandamiento[13], si bien es cierto que yo no me asusto de nada, procuro obrar de acuerdo con la parte beligerante y sin escándalo ni perjuicio para tercero; no robo; no levanto falsos testimonios y procuro mentir lo menos posible; no deseo la mujer del prójimo y no codicio los bienes ajenos. De modo que Dios no puede tener queja de mí. Y respecto a la gente que me rodea, no puede tener queja tampoco, puesto que soy mascoto[14].

—¿También mascoto?

—¡Qué duda cabe! Yo doy la buena suerte a las personas que me quieren, y atraigo la mala sombra a quienes realizan algo en contra mía.

—Nuestro diálogo es turbado por la llegada de Amalio Fernández, el aplaudido compositor, hijo del célebre escenógrafo del mismo nombre, al que me presenta Retana.

—Aquí tiene usted un caso. Antes Amalio vivía oscurecido e indolente, y desde que colabora conmigo es uno de los músicos más populares y cobra unas liquidaciones fabulosas en la Sociedad de Autores. Y él, que hace muy pocos meses caminaba a pie por las calles, ahora posee una estupenda Harley, en la cual suele invitarme a pasear. ¡No le quepa a usted duda, amigo Artemio! ¡Soy mascoto!

Y Alvarito Retana, cogiendo de la mano a dos lindas muchachas que venían

---

13   *Sexto mandamiento*: El mandamiento bíblico que prohíbe el adulterio y los «actos impuros».

14   *Mascoto*: De *mascota*. Persona, animal o cosa que sirve de talismán, que trae buena suerte.

con Amalio, sale conmigo y con su colaborador para emprender la marcha a la finca del joven novelista. Son la Esmeralda *y la* Trianera, *dos estrellas bellísimas de la galantería, que después de su excursión por el Norte de África, han regresado a la Corte*[15] *y forman con el joven novelista un alarmante trío.*

Mientras bajamos la escalera, Retana murmura a mi oído:

—*¡Y pensar que mientras algunos envidiosos amargados intentan complicarme la existencia, combatiéndome como artista y como hombre, yo gozo de la vida y me oxigeno! ¡En vez de denostarme*[16], *que trabajen quince horas como yo, y si en verdad poseen talento, tendrán igual que yo la Salud, el Dinero, la Gloria y el Placer...*

-Artemio Precioso

---

15   *La Corte*: Se refiere a Madrid. La Corte Real española se estableció en esa ciudad en 1561.
16   *Denostar*: Insultar, ofender verbalmente.

A los honrados padres de familia: para que eviten que sus nenas imiten a Lolita.

-Álvaro Retana.

I

Entre la pollería[17] masculina, aristocrática y ociosa, que decora por las mañanas los paseos de Recoletos, la Castellana y el Retiro; que se da cita por las tardes en la Granja de El Henar[18] o en la pastelería Molinero[19], y que prefiere por las noches el teatro de Lara[20] o Maravillas[21], Lolita Cotollano de Vivar disfrutaba de ese prestigio de las cosas «muy serias», a pesar de que la chiquilla era bastante alegre.

La deliciosa tobillera, perteneciente a una familia acaudalada y honorable, poseía dos admirables ojos de color caramelo, que parecían siempre adormilados, como perdidos vagamente en un ensueño voluptuoso; una graciosa naricilla respingona[22] y sensual, una boquita exageradamente diminuta y una abundante cabellera de oro, que iluminaba el rostro, marfileño y triangular. Tenía mucho de felino aquella cabecita colocada altivamente sobre un busto estatuario, cuyo atractivo principal no era la línea de los hombros, de una pureza helénica, sino la torneada madurez de los senos pequeños, dos jugosas mitades de naranja florecidos por dos botones que solían transparentarse en los vestidos veraniegos. Y si también el talle era un modelo de perfección olímpica, los brazos hubieran causado envidia a la Venus de Milo[23], y las piernas eran dos armoniosas columnas, maravillosamente modeladas, digno sostén de un edificio tan glorioso: dos arpegios[24] trepando al Paraíso, cuya puerta empezaba a abominar de su propio hermetismo.

La aparición de Lola con sus trajes, de una furiosa policromía, en los an-

---

17 *Pollería*: De «pollo,» hombre joven y presumido. La «pollería masculina» constituye el grupo de *playboys* y de *dandies* que, sin otra cosa que hacer, se pasean por las calles de Madrid.
18 *La Granja de El Henar*: Antiguo café emplazado en su día en la calle Alcalá (ya no existe). A la famosa tertulia de *La Granja de El Henar* asistían escritores célebres, como José Ortega y Gasset (1883-1955) y Ramón del Valle-Inclán (1866-1936).
19 *Pastelería Molinero*: Famoso salón de té emplazado en la céntrica Gran Vía de Madrid.
20 *Teatro Lara*: Teatro inaugurado en Madrid en 1880. Muy pronto se convirtió en referencia obligada de la vida cultural de Madrid. Por el *Teatro Lara* –que cerró en los años ochenta, pero volvió a abrir en 1994– pasaron los directores y actores más famosos de España.
21 *Teatro Maravillas*: Famoso madrileño, inaugurado en 1886. Durante los años veinte y treinta alternará funciones de cine y de teatro. Tras la Guerra Civil española y durante el franquismo, el teatro se especializará en el género de la revista.
22 «*Naricilla respingona*»: Pequeña nariz con la punta levantada hacia arriba.
23 *Venus de Milo*: Famosa estatua griega de mármol blanco que representa a Afrodita (o Venus), diosa de la belleza y el amor. Actualmente se encuentra en el Museo del Louvre, en París.
24 *Arpegio*: Sucesión más o menos acelerada de los sonidos de un acorde.

denes de Rosales[25], en los palcos de Royalty[26] y en los tés del Palace Hotel[27], producía entre los gomosos[28] de Madrid el efecto de una provocación: algo así como el reto a sus virilidades de una infernal walkyria[29], terrible en el inmenso poderío de sus quince fragantes primaveras y sus vestidos de colores febriles, que hacían ladrar a los perros desesperadamente. Porque intrépida y magna, confiada en su éxito infalible, Lolita Cotollano, ataviada con arreglo a su inspiración cubista, arrojábase a la voraz contemplación de sus admiradores, orgullosa de aquella facultad que poseía de encender el deseo de los machitos jóvenes, de los adolescentes educados en la escuela de Onán[30], que era el cortejo idólatra sostenedor de los prestigios de la preciosa tobillera.

Difícilmente hubiérase encontrado otra chiquilla que cultivase una *maquillage*[31] tan arbitrario como el suyo; pero, a pesar de aquellas sombras violáceas que agrandaban los ojos disparatadamente, de aquellas pinceladas de carmín en el centro de los labios, que achicaban la boca de un modo inverosímil, despertando en las imaginaciones infantiles y depravadas no sé qué anhelos monstruosamente libertinos, Lolita resultaba definitivamente suculenta, apetitosa como un bocadillo de jamón de esos que tanto le agradaba a ella consumir en los aprovechados intermedios de las sesiones de cinematógrafo. Parecía condimentada por el Diablo con la salsa picante de los siete pecados capitales[32], y diríase que Satán la había comunicado algo de sus ardores, no ya porque excitara a cuantos la mirasen, sino porque ella misma chamuscábase[33] en la voracidad de un incendio interior.

---

25 *Rosales*: Se refiere al elegante Paseo del Pintor Rosales, avenida que bordea el Parque del Oeste de Madrid.
26 *Royalty*: *Cine Royalty*, situado en la madrileña calle de Génova, inaugurado en 1914 y clausurado en los años sesenta. En este cine se vendían abonos para la sesión de tarde, frecuentada por la aristocracia. Importa notar que el *Royalty* acogió las sesiones de cineclub fundadas por el intelectual español Ernesto Giménez Caballero, en las que se proyectaban las películas no «aptas» para el cine comercial, como, por ejemplo, *El perro andaluz*, del famoso director de cine español, Luis Buñuel.
27 *Palace Hotel*: Uno de los hoteles más lujosos de Madrid. Fue construido en 1911 en el lugar donde antes se hallaba el palacio del Conde y la Condesa de Medinaceli. Punto de encuentro de las elites, con varias salas de música y baile.
28 *Gomoso*: Hombre presumido y afeminado, que no conoce más ocupación que la de acicalarse, perfumarse y andar vagando todo el día en busca de galanteos.
29 *Walkyria*: Cada una de ciertas divinidades de la mitología escandinava que en los combates designaban los héroes que habían de morir. Conocidas por su ferocidad, las *walkyrias* aparecen en *El anillo de los Nibelungos*, (*Der Ring des Nibelungen*, 1876) de Richard Wagner (1813-1883), ciclo de óperas que se menciona repetidamente en *Las «locas» de postín*.
30 *Onán*: Personaje bíblico; el segundo hijo de Judá. Su nombre es el origen del término «onanismo», con el que se designa la práctica sexual de la masturbación. Según la interpretación judía, Onán, cada vez que intentaba consumar las relaciones sexuales con Tamar, la viuda de su hermano, eyaculaba sobre la tierra. «Los adolescentes educados en la escuela de Onán», pues, es un eufemismo para «adolescentes que se masturban».
31 *Maquillage*: De Francés. Maquillaje.
32 *Los siete pecados capitales*: Los pecados capitales son una clasificación de vicios mencionados en las primeras enseñanzas cristianas. La lista, formalizada por el papa Gregorio Magno (circa 540-604), incluye lujuria, pereza, gula, ira, envidia, avaricia, y soberbia.
33 *Chamuscarse*: Quemarse.

Lolita Cotollano de Vivar estaba envenenada de inquietudes eróticas, y era una enferma de lujurias hipotéticas, una víctima irresponsable de su naturaleza apasionada, consumida en un ansia que los prejuicios y el respeto a la familia contenían severamente. Bien es verdad que Lola desquitábase de aquellas sujeciones con que la torturaba la sociedad y el miedo a graves contingencias, apelando a procedimientos que cualquier novelista motejaría[34] de satánicos y que la habían deparado una celebridad importantísima entre los lechuguinos[35] madrileños, en los cuales creaba con sus locuras pintorescas palideces macabras y ojeras inquietantes, que eran como el marchamo[36] inconfundible que señalaba a los favorecidos por el capricho de Lolita.

Los padres de la joven, absorbidos por las banales obligaciones del gran mundo, habían entregado a la pequeña y a su hermano menor, Falito, en poder de una viuda respetable, que ejercía con ellos las funciones de profesora de Francés y dama de compañía, y que reconociéndose impotente para luchar con los hermanos, prefería tender amablemente un velo, y a veces una alfombra, sobre las travesuras de ambos monigotes[37], indómitos, glotones y sensuales, y advirtiendo en su perspicacia que contrariarlos hubiera equivalido a indisponerse con ellos y ser incluso despedida de la casa, optó por aliarse con las dos fierecillas cuya vigilancia le estaba encomendada, y tanto Rafaelito como Lola hubieran promovido un zipizape[38] fragoroso antes que permitir ser despojados de la avispada[39] «carabina».[40]

Consecuencia de aquella independencia en que vivían los hermanos era que, tanto ella como él, bajo un aspecto dócil y sumiso, tan tranquilizador para los padres, ocultaban un alma depravada y curiosa, propicia a los mayores desafueros, porque su misma vida muelle[41] y comodona favorecía notablemente la inclinación al mal. Lolita y Rafael eran dos virginidades sin inocencia, que a los quince y trece años deleitábanse en la lectura de novelas galantes y periódicos pornográficos, manteniendo con sus amigos respectivos unas conversaciones que hubieran sonrojado a un carretero.

Elegantemente olvidados por sus progenitores, constantemente en viajes por Londres y París, y que en la corte apenas disponían de tiempo para asistir a comilonas y recepciones aristocráticas; sin el freno de Enrique, el hermano mayor, alumno de segundo año en la Academia de Toledo[42], Lolita y Rafael, como tantos «guayabos» pertenecientes a la buena sociedad, arrastraban una

---

34 *Motejar*: Censurar las acciones de alguien con motes o apodos.
35 *Lechuguino*: Hombre joven que se compone mucho y sigue rigorosamente la moda.
36 *Marchamo*: Marca de reconocimiento que se pone a ciertos productos.
37 *Monigote*: Muñeco o figura ridícula hecha de trapo o cosa semejante.
38 *Zipizape*: Riña ruidosa o con golpes.
39 *Avispado*: Vivo, despierto, agudo.
40 *Carabina*: Mujer de edad que acompañaba a ciertas señoritas cuando salían a la calle de paseo o a sus quehaceres.
41 *Muelle*: Blando, suave.
42 *Academia de Toledo*: Academia de Infantería, centro de formación militar del Ejército de Tierra español, creado en 1850.

existencia divertida y ambigua, sin más quehaceres que sacar adelante Rafaelito el cuarto año del bachillerato y dominar Lolita la lengua de Molière[43]. Pero como el muchacho sólo tenía colegio por la mañana, a las horas que ella practicaba el Francés con la dama de compañía, les quedaba la tarde libre para desenvolver unos programas a base de meriendas, paseos, *cines* y teatros, que no ofrecían nada de aburrido para la complaciente «carabina».

Cuando iban por las tardes al Palacio de Hielo[44], mientras la noble viuda y Rafaelito engolfábanse en la tarea de devorar pasteles y ensaimadas[45], Lolita, que sentía unas hambres muy diferentes, pasábase la tarde bailoteando con la serie numerosa de confortables barbilindos[46] de su agrado, y sabía incrustarse a su pareja con tal exquisitez y perfección, que se enteraba inmediatamente de los menores detalles anatómicos del confortable bailarín. La enervante melosidad del tango y las lascivas convulsiones del fox-trot, procuraban a Lolita sensaciones inenarrables, y cuando el mozalbete que danzaba con ella la aprisionaba fuertemente y percibía ella el aliento del gomoso y esas palpitaciones que no son del corazón precisamente, el cuerpo de Lolita ondulaba como rizado por la inefable angustia del espasmo. Y entonces se entablaban unos diálogos curiosos, en que la voz entrecortada de la nena contribuía a hacer más delicioso el suplicio del bailarín.

—Chucho, por Dios, no aprietes tanto, que me pongo muy mala.

—Yo sí que estoy malito. Y me voy a morir... Y tú tendrás la culpa...

—¡Ay, no me digas esas cosas!

—¡Qué tetitas más ricas tienes! Si no estuviéramos aquí con qué ganas te mordería en un pezón.

—Chucho, que van a oírnos.

—¡Que me oigan! ¡Mejor! ¡Así sabrán que estoy por ti más loco que una cabra!

A la orquesta tocábale interrumpir aquel diálogo, que Lola continuaba con otro petimetre[47] al empezar el nuevo *fox*.[48]

La tobillera entonces, comprobando que el gomosín de turno patentizaba su emoción en una forma que hubiera amedrentado a una vaca, exclamaba desfallecida, saboreando la embriaguez de aquel divino espanto:

—¡Ay, Pocholo! Yo no sé lo que siento.

—¿Quieres que te lo diga?

---

43 *Molière*: *Nom de plume* de Jean Baptiste Poquelin (1622-1673), dramaturgo satírico francés considerado el padre de la comedia francesa. Autor de obras famosas, como *La escuela de las mujeres*, (*L'Ecole des Femmes*, 1662) y *Tartufo*, (*Tartuffe*, 1664), entre otras. Aquí, «la lengua de Molière» quiere decir «la lengua francesa».

44 *Palacio de Hielo*: Centro comercial y del ocio, conectado al Palace Hotel. En esta época, tuvo una pista de patinaje, un salón de baile, tiendas, restaurantes, y una sala de exposición y venta de automóviles.

45 *Ensaimada*: Bollo formado por una tira de pasta hojaldrada dispuesta en espiral.

46 *Barbilindo*: Galancete, preciado de lindo y bien parecido.

47 *Petimetre*: Persona que se preocupa mucho de su compostura y de seguir las modas.

48 *Fox*: Se refiere al *fox-trot*, baile de ritmo cortado y alegre, originario de los Estados Unidos de América, y que estuvo de moda a principios del siglo XX.

Y el galán murmuraba al oído de la joven la explicación grosera y terminante, que hacía más aguda la excitación de la pequeña, avivando su afán de escuchar palabrotas brutales y términos obscenos, que causaban en ella los efectos de un bienhechor rocío.

Porque Lola se perecía por escuchar atrocidades de labios masculinos, y gozaba de un indecible bienestar viéndose perseguida y acuciada[49] por el deseo de sus víctimas, aquellos pobres chicos a los cuales encandilaba[50] y que de cuando en cuando veíanse obligados a hacer una discreta escapatoria del salón para saciar de un modo estéril en algún rincón reservado aquel anhelo voluptuoso que en ellos provocaban las perversas habilidades de Lolita.

Mas si la frágil tobillera, infatigable buscadora de emociones, verificaba estas proezas[51] en un salón de baile, ante las majestuosas barbas de la opinión pública, en los palcos del Real Cinema[52] perpetraba adorables pillerías[53], contando con la ayuda de la señora Oscuridad. Con un galán a cada lado, Lolita, finamente, se aventuraba a exploraciones que únicamente en latín podrían describirse, y durante la proyección de la película documentábase minuciosamente sobre ciertos extremos y establecía comparaciones truculentas que afirmaban su estimación por los interesados. Pero lo más original de Lola es que ella nunca se arriesgaba a manipulaciones agitadas que tuviesen una finalidad práctica para el favorecido, sino que se ceñía a una investigación superficial y reposada que calmase la atroz curiosidad. Ningún pollastre[54] amigo de Lolita podía enorgullecerse de haber humanizado a la «guayaba», que se había puesto un límite a sus atrevimientos. Perversa y tímida, tenía suficiente con enterarse del tamaño del arma que esgrimía el enemigo; pero siempre sin sacarla de su funda, porque ella no tenía necesidad, como Santo Tomás[55], de ver para creer, sino que le bastaba con tocar prudentemente.

Y tanto Rafaelito como la «carabina», parecían estar de acuerdo para no percatarse de la frecuencia y sencillez con que Lolita se perdía por las frondosidades[56] del Retiro[57] en compañía de cuatro o cinco gomosines para charlar con ellos de temas escabrosos, que divertían a la nena y mantenían a los jóvenes en estado de ebullición.

---

49 *Acuciado*: Estimulado, impulsado.
50 *Encandilar*: Despertar o excitar el sentimiento o deseo amoroso.
51 *Proeza*: Hazaña, valentía o acción valerosa.
52 *Real Cinema*: Sala de cine ubicada en la plaza de Isabel II de Madrid, inaugurada en 1920. Con 1.000 butacas y 54 palcos, fue uno de los cines más grandes de España.
53 *Pillería*: Travesura, picardía.
54 *Pollastre*: Chico joven que presume o alardea de ser ya un hombre.
55 *Santo Tomás*: Se refiere a Judas Tomás Dídimo, uno de los doce Apóstoles. Según los Evangelios (Juan 20:27; 20:28; 20:29), dudó de la presencia de Jesucristo. Este dijo a Tomás: «Pon aquí tu dedo, y mira mis manos; y acerca tu mano, y métela en mi costado; y no seas incrédulo, sino creyente». Entonces Tomás respondió y le dijo: «¡Señor mío, y Dios mío!» Jesús le dijo: «Porque me has visto, Tomás, creíste; bienaventurados los que no vieron, y creyeron».
56 *Frondosidades*: Abundancia de hojas y ramas.
57 *Retiro*: Avenida madrileña que alberga muchos bares y restaurants: lugares de cita de la joven burguesía.

II

Las vacaciones de Semana Santa trajeron a Madrid al hermano mayor de Lola, que llegó con su inevitable pandilla de cadetes[58] a cual más rozagante y luminoso. La teatralidad del uniforme convertía a aquellos mancebos[59] en un coro de galanes de opereta, con todo el atractivo de simpatía y buen humor indispensable para satisfacer a la «guayaba».

Para Lolita la irrupción en el hogar de Enrique y sus amigos significaba una serie de emociones en perspectiva, dotadas de un encanto inédito, pues cada vez que el mozo venía a la corte presentaba a su familia amigos nuevos, futuros conejitos de Indias[60] en que la hermana intentaría sus lascivos experimentos.

En marzo de 1923, Enrique asesoróse de Currito Molina, el camarada inseparable en la vida monótona de la Academia de Toledo, el jovial compañero de correrías inocentes por las estrechas calles de la imperial ciudad en pos de una aventura femenina que no llegaba nunca.

Y si Enrique podía ser citado como un auténtico ejemplar de varonilidad irrefragable y producía una impresión arrolladora en las mujeres, con su aspecto de alemancito rubio y blanco, Curro Molina emparejaba dignamente con el hermano de la joven por su prestancia retadora de gallito andaluz[61], apto para servir las exigencias del corral más numeroso. Contaba, como Enrique, diez y ocho años, y era de una barbarie ingenua y seductora, que le hacía expresarse delante de las hijas de familia con un lenguaje obsceno y sugestivo. Porque el gran atractivo de aquel don Juan Cadete no eran sus ojos agarenos[62], entornados con especial «cachonderíe»[63], ni sus labios sensuales de campeón del beso, ni su plasticidad característica, sino aquella indecente manera de expresarse ante las niñas honorables, refiriéndose con la mayor despreocupación a actos y cosas de los cuales no suele hablarse ni siquiera en voz baja.

A la joven buscadora de emociones, que no podía ver un botijo, porque

---

58 *Cadete*: Alumno de una academia militar.
59 *Mancebo*: Mozo de pocos años, hombre soltero.
60 *Conejito de Indias*: Mamífero pequeño, empleado con frecuencia para los experimentos científicos. Se conoce también como «conejillo de Indias».
61 *Gallito andaluz*: hombre presuntuoso y presumido, entregado a la conquista de mujeres.
62 *Ojos agarenos*: Ojos árabes, es decir, ojos negros.
63 *Cachonderíe*: De *cachondo*, persona dominada por el apetito venéreo.

la sola contemplación del pitorro[64] la producía vértigo, y que oyendo exclamar a un pretendiente: «¡Lola mía!», parecía volverse loca, la excitante convivencia con el amigo de su hermano acabó desmoralizándola definitivamente, y decidióse a rebasar el límite de sus depravaciones. El cordobés tenía en sus miradas de árabe perezoso y aguerrido[65] algo de sedicioso[66], que provocaba en Lola rebeliones solemnes, animándola a descender de la torre de su prudencia, y empezaron a sucederse los ensueños libidinosos que hacían despertar a la chiquilla húmeda y extenuada, repitiendo incansablemente aquel obsesionante ¡Tacatá! con que Molina subrayaba la intención de sus frases picarescas.

De repente, Lolita Cotollano, que siempre había tenido el pudor de los ojos y que, a pesar de sus atrevimientos, nunca quiso ver lo que a sus manos preocupaba, sintió curiosidades invencibles y deseó embriagarse en la contemplación de sus amigos, y más principalmente el cordobés, con la sintética «toilette» en que el abuelo Adán circulaba por el Paraíso antes del escándalo que precedió a la hoja de parra, y en sueños alocados presenció un nutrido desfile de cadetes y pollos «bien»[67] que, capitaneados por Currito, parecían dirigirse a un concurso de natación esgrimiendo unas lanzas aterradoras y exquisitas.

Las lúbricas visiones repitiéronse en noches diferentes, y una mañana, Lola, al despertar, exasperada por la fiebre voluptuosa que avivaban en ella los cortejos cívicos-militares basándose, sin duda, en los principios de la relatividad, aprovechó el momento en que Falito se dirigió al cuarto de baño para fisgar[68] aviesamente[69] por el agujero de la cerradura.

Al quedar despojado de sus ropas, antes de sumergirse en la tibieza perfumada del agua, Rafaelito permaneció contemplándose en el espejo con infantil admiración.

Realmente el «guayabito» era una monería y un excesivo desarrollo convertíale en un muñeco rubio y grande, con los ojos de almendra, centelleando tiernamente bajo el arco perfecto de las cejas, la nariz afilada, de aletas palpitantes, y los labios tan encendidos como los de la hermana.

Los deportes y la gimnasia habíanle dotado de unas graciosas redondeces, que inquietaban a más de cuatro admiradores de Lolita, y ésta no pudo por menos de reconocer que Falito ofrecía unas garantías y unos tesoros físicos que justificaban sus prematuros éxitos entre las amiguitas de ella.

Inclinada golosamente ante el ojo de la indiscreta cerradura, la tobillera vió a Falito zambullirse en el agua, que perdió transparencia cuando el nene se enjabonó, y advirtió cómo el «guayabito», excitado seguramente por la aro-

---

64 *Pitorro*: Tubo recto o curvo, pero siempre cónico, que arranca de la parte inferior del cuello en los botijos, pisteros y porrones, y sirve para moderar la salida del líquido que en ellos se contiene.
65 *Aguerrido*: Valeroso, audaz.
66 *Sedicioso*: Rebelde, insurrecto.
67 *Pollo «bien»*: Un hombre joven de la clase alta.
68 *Fisgar*: Husmear, curiosear en los asuntos ajenos.
69 *Aviesamente*: Malintencionadamente, malvadamente.

mática tibieza del líquido y el cosquilleo de la espuma del jabón, entregóse a un extraño juego que revolvía el agua y creaba en los ojos del chiquillo un brillo singular.

De pronto resonaron en la estancia unos suspiros delatores de que el travieso juego de Falito derivaban a un final estéril y sabroso, y el «guayabito» quedó inmóvil, con la cabeza reclinada en el borde del baño, denotando por la inefable beatitud del rostro la delicia de aquella sensación que con tanta pericia[70] sabía capturar.

Después, al reponerse del sublime desmayo, salió del recipiente tan lustroso como una estatua de alabastro y marfil, sin más color que el oro de los cabellos en desorden, y el rojor de los labios, y Lolita, que ya había visto cuanto quería ver, abandonó el observatorio, encerróse en su alcoba y, tendida en el lecho, se puso a meditar sobre el misterio pavoroso del deleite sensual.

---

70 *Pericia*: Habilidad, destreza.

III

Aquella tarde, cuando llegó Curro Molina al palacio de Cotollano, fue conducido al comedor, donde Lolita, acomodada en su sillón frailero, leía con malsana complacencia la última novela de «El Caballero Audaz»[71], que, con Retana y Pedro Mata[72], integraba la trilogía de autores predilectos de la joven.

La señora de compañía interpretaba en la pianola[73] una ensalada musical, que empezaba en la «Quinta Sinfonía», de Beethoven, y acababa en «La Montería»[74], sin olvidar el repertorio con que recientemente fracasó en Maravillas Merceditas Serós[75].

La entrada del cadete avivó en la «guayaba» lujurias hipotéticas, y, abandonando el ejemplar de *Una cualquiera*[76], adelantóse hasta el muchacho. Y estrechando, efusiva, sus manos, que retuvo entre las de ella, advirtió con los ojos entornados en su habitual gachonería[77]:

—Enrique no está en casa. Pero me ha dicho que le esperes. Va a volver en seguida.

—¿Y tú qué haces tan zola[78]?—preguntó el cordobés envolviéndola en la caricia de sus ojos morunos.

—Pues estoy esperando a Rafaelito, que ha ido a buscar a mi amiguita Filomena Poyales.

—¡Vaya nombre que tiene tu amiguita!

---

71 *El Caballero Audaz*: Seudónimo del periodista y escritor José María Carretero, (1890-1951) que, como Retana, cultivó con éxito el género erótico o «sicalíptico». Entre sus novelas destacan *La bien pagada* (1926) y *De pecado en pecado* (1936).

72 *Pedro Mata* (1875-1946): Otro de los autores eróticos y «sicalípticos» de más renombre. De sus obras destacan *Ganarás el pan...* (1901) y *Corazones sin rumbo* (1917).

73 *Pianola*: Mueble y aparato que se acopla al piano y sirve para ejecutar mecánicamente las piezas impresionadas a base de perforaciones en un rollo de papel.

74 *La montería* (1922): Zarzuela compuesta por Jacinto Guerrero Torres (1895-1951), con libreto de José Ramos Martín. Su canción más popular fue el tango milonga «Hay que ver, hay que ver.»

75 *Mercedes Serós* (1900-1970): Cantaora y bailarina española, una de las representantes más importantes del cuplé catalán, aunque su repertorio era mayoritariamente en castellano. Actuaba en los grandes teatros de Barcelona, Paris y Madrid. Tuvo una vida personal muy accidentada, que incluyó un romance con el torero Emilio Méndez.

76 *Una cualquiera* (1928): Novela escrita por El Caballero Audaz. (véase nota 76).

77 *Gachonería*: Gracia, donaire, atractivo.

78 *Zola*: «Sola», pronunciado con el acento típico del «ceceo» andaluz.

—Hemos sacado un palco para ir a Eslava[79] con *Madame*.

La aludida, discreta y filarmónica, después de saludar al robusto cadete con una reverencia versallesca[80], prosiguió encaramada en el taburete de la pianola, acentuando bravamente los pasajes más suaves de la pieza para que el ruido la impidiese escuchar el diálogo de la niña y Currito, que fueron a instalarse en el rincón opuesto de la estancia, detrás de un biombito[81] japonés.

—¡Jozú!–exclamó el cadete de improviso, clavando sus miradas atrevidas en la joven. ¡Cuidado zi estás bonita! ¡La verdá, que zi tú no fueras hermana de un amigo, la de cozas que te diría![82]

—Puedes decírmelas igual – autorizó Lolita. Luego montando una pierna sobre la otra, con júbilo exuberante, adoptando una actitud de muñeca de *cabaret* aprendida en los dibujos de Penagos[83], añadió provocativa–: Pero me parece a mí que no ibas a decirme nada nuevo.

—¡Tienes razón! –reconoció el cadete mordiéndose los labios–. ¡Te habrán dicho tantas veces que tienes un restrego colozal[84]!

—¡Hombre, te diré! –contestó Lolita, a quien el ceceo[85] de currito excitaba sobremanera–. Esa es una de las pocas cosas que no había oído nunca.

—Pues como ezas te diría muchízimas. ¡Y no quiero ezplicarte las que haría con eze cuerpecito que es de jamón zerrano![86] ¡Tacatá!

—Pero tú qué ibas a hacer, infeliz! –exclamó ella en su deseo perverso de exasperar a Curro–. Si a mí se me figura que tú eres de esos a quienes se les va toda la fuerza por la boca.

—¿A mí? –preguntó el cadete, aprestándose a la contienda, como si hubiera oído sonar un clarín guerrero–. Yo no quiziera más zino que ahora eztuviézemos en dezpoblado pa poder demoztrarte de lo que zoy capaz. Y lo

---

79 *Eslava*: El *Teatro Eslava* fue una gran sala de teatro en Madrid, inaugurada en 1871. En sus comienzos, estaba destinada a sala de conciertos y almacén de instrumentos, pero dos años después de su inauguración, se remodelaron los bajos del teatro para dar cabida a un café. El *Teatro Eslava* se convirtió en un teatro de dos pisos, en el que durante los años veinte y treinta se representaban números atrevidos y semi-pornográficos. Con el paso del tiempo, se hizo un esfuerzo por «reconvertir» la imagen del teatro, y se comenzaron a representar zarzuelas.

80 *Versallesca*: Perteneciente o relativo a Versailles, el antiguo palacio real francés, construido en 1624. Se refiere especialmente a las costumbres lujosas y el estilo exageradamente refinado de la corte francesa establecida en dicho lugar, que tuvo su apogeo en el siglo XVIII.

81 *Biombo*: Mampara compuesta de varios bastidores unidos por medio de goznes, que se cierra, abre y despliega.

82 —¡Jesús!–exclamó el cadete de improviso, clavando sus miradas atrevidas en la joven. ¡Cuidado si estás bonita! ¡La verdad, que si tú no fueras hermana de un amigo, la de cosas que te diría!

83 *Rafael de Penagos* (1889-1954): Conocido ilustrador, representante del Art Decó en España. Sus retratos de mujeres estilizadas y elegantes, según el estilo de los años veinte, se volvieron famosos, de tal forma que a las modernas *flappers* se las conocía en España como «chicas Penagos».

84 «*Un restrego colozal*»: Un atractivo sexual colosal.

85 *Ceceo*: Pronunciación de la *s* con sonido de *z*, fenómeno característico de ciertas zonas de Andalucía.

86 —Pues como esas te diría muchísimas. ¡Y no quiero explicarte las que haría con ese cuerpecito que es de jamón serrano!

primero que iba a hacer era comerme a bezos eze cuerpo gitano, que me trae de cabeza.⁸⁷

—Ya sería algo menos.

—Te juro por la gloria de mi madre, que ante anoche zoñé contigo, y cuando dezperté ze notaba en las zábanas. ¡Vaya un zueño más rico! ¡Tacatá! Zuponte que yo eztaba en tu casa de vizita y de pronto yo no zé a qué, pero la coza es que se fueron todos y nos quedamos zolos y de repente te puzizte de pie y te empezaste a levantar zuavemente las faldas hazta dejarlas por encima del cuqui. Y entonces, yo caí de rodillas y te di un bezo... ¡Tacatá! Donde te puedes zuponer.⁸⁸

—¡Cómo se nota que eres andaluz! –dijo Lolita estremecida y contagiada del apasionamiento del cadete–. Estoy segura de que si un día llegara la ocasión, te quedabas tan fresco.

—Mira, Lolín, no hablemos de ezas cozas, porque me entra la temblaera. Y vamos a zepararnos un poquito, porque con eze traje me eztás poniendo nervioso. Mi madre, ¡qué bluzita más ajuztada y qué falda más lamida!⁸⁹

—Eso me dice todo el que me ve: «¡Qué lamida!»

—¡Tacatá!

El muchacho patentizaba una emoción que hubiera convencido a la mujer más exigente, y Lolita, ingenua y banal, con voz opaca y lánguida, preguntó a Currito Molina:

—Oye, Currito: ¿a ti te gustaría verme a mí... como en sueños?

—¡Mi alma, qué pregunta! ¡Ezo zería la karaba! Pero yo no te creo tan amable para proporcionarme... eza ración de vizta.⁹⁰

—¿Por qué no? Siempre y cuando que tú fueras discreto...

—Lo zería.

—Y además..., te pusieses a la recíproca.

—¿A la recíproca? –repitió el cordobés–. ¡Tendría grazia! Zólo que yo, en lugar de zubir el telón, tendría que bajarlo.⁹¹

—No; bastaría que descorrieses la cortina...

—Puez nada, ¡trato hecho! –afirmó Currito Molina–. Y... ¿cuándo va a zer ezo?⁹²

---

87 —Yo no quisiera más sino que ahora estuviésemos en despoblado para poder demostrarte de lo que soy capaz. Y lo primero que iba a hacer era comerme a besos ese cuerpo gitano [cuerpo hermoso], que me trae de cabeza.

88 —Te juro por la gloria de mi madre, que ante anoche soñé contigo, y cuando desperté se notaba en las sábanas. ¡Vaya un sueño más rico! ¡Tacatá! Suponte que yo estaba en tu casa de visita y de pronto yo no sé a qué, pero la cosa es que se fueron todos y nos quedamos solos y de repente te pusiste de pie y te empezaste a levantar suavemente las faldas hasta dejarlas por encima del cuqui [pseudónimo burlesco con que se designan los órganos genitales femeninos]. Y entonces, yo caí de rodillas y te di un beso... ¡Tacatá! Donde te puedes suponer.

89 —Mira, Lolín, no hablemos de esas cosas, porque me entra la tembladera. Y vamos a separarnos un poquito, porque con ese traje me estás poniendo nervioso. Mi madre, ¡qué blusita más ajustada y qué falda más lamida [qué falda más pegada a las piernas]!

90 —¡Mi alma, qué pregunta! ¡Eso sería la karaba [eso sería extraordinario, fuera de serie]! Pero yo no te creo tan amable para proporcionarme... esa ración de vista.

91 —¡Tendría gracia! Sólo que yo, en lugar de subir el telón, tendría que bajarlo.

92 —Pues nada, ¡trato hecho!–afirmó Currito Molina–. Y... ¿cuándo va a ser eso?

—Ahora mismo.
—¿Ahora mizmo?
—Y aquí en este rincón.
—Chiquilla, tú eztás loca.
—Las cosas en caliente.
—Pero zi es impozible.
—Calla, bobo. La «carabina» está enfrascada en la pianola, y cuando empiece un rollo largo, de estos que duran diez minutos, como ella está de espaldas y además el biombo la impide ver qué hacemos..., si tú no te alborotas y si tienes serenidad..., pues podemos hacer... horrores...
—Mira que zi nos sorprendiezen, zería la panocha[93] en bicicleta.
—No te preocupes. Ya oiríamos los pasos y nos daría tiempo a reponernos.
—Pues entonces pa luego es tarde. ¡Y zea lo que Dios quiera!
—Ahora verás: ¡oiga, *Madame*! ¿Quiere hacer el favor de tocar *L'aprés midi d'un faune*[94]?
—Con mucho gusto, señorita –respondió la viuda, encasquetándose maquinalmente su gorrita de terciopelo.

Y en seguida, mientras la noble dama ejecutaba la difícil y lenta producción de Debussy, Lolita, casta y libertina, recogióse la falda de su traje de Thiele[95] y subió hasta pasar de la cintura, dejando al descubierto los muslos torneados y suavísimos, de una dureza juvenil y fragante, en cuya unión florecían tímidamente unos hilillos de oro. Como un creyente deslumbrado por una milagrosa aparición, Currito arrodillóse y, lo mismo que en sueños, besó a aquella adorable y terrible criatura en su encanto más honorable, «durmiéndose en la suerte» con gran satisfacción de la «guayaba», que por vez primera en su vida era objeto de un homenaje de tal índole.

Asombrado de la difícil facilidad de aquel momento, como si presintiera que el celestial pecado no volvería a repetirse, el muchacho seguía de rodillas, prolongando aquel beso abominable y exquisito que también revestía para él los caracteres de una radiante novedad.

Y así hubiera continuado toda la tarde si la conclusión del rollo no hubiese hecho exclamar a la «carabina»:

—¿Les ha gustado a ustedes?
—¿Que si nos ha gustado? –repitió Currito Molina–. ¡Tacatá!
—Ahora –dijo Lolita– nos gustaría oír *El aprendiz de brujo*[96].

---

93   *Ser la panocha*: Ser la repanocha. Ser algo extraordinario por bueno, malo, absurdo o fuera de serie. Es probable que aquí, Retana esté jugando con el término de «panocha» (que vulgarmente significa vagina), y que para darle un sentido erótico a la expresión use esa palabra en vez de «repanocha».

94   *L'aprés midi d'un faune* (1894) o *La siesta de un fauno*: Obra sinfónica del compositor francés Claude Debussy (1862-1918) que dura diez minutos. La inspiración, al parecer, le vino al músico de un poema del poeta simbolista francés Stéphane Mallarmé sobre los deseos y sueños de un fauno durante una tarde calurosa.

95   *Thiele*: Heinrich Thiele, modisto alemán de alta costura y que en los años veinte tenía su establecimiento en la madrileña y céntrica calle de Postas.

96   *El aprendiz del brujo* (1897): Poema sinfónico del compositor francés Paul Dukas (1865-1935), basada en una balada de Johann Wolfgang von Goethe (1749-1832) del mismo nombre.

La extravagante producción de Dukas era también un rollo largo, de complicada ejecución, y cuando la *Madame* lo puso en la pianola, Lolita, enardecida, con los ojos extraviados y la voz alterada, previno al cordobés:

—¡Ahora te toca a ti!

—¿Que ahora me toca a mí? —murmuró él enrojecido como una colegiala.

—Claro. Es lo convenido. No voy a ser yo sola.

—Pues... mira, chica... —dijo él, vacilante, tras una corta pausa—. Yo, la verdad..., lo ziento mucho..., pero no puedo enzeñar nada... Me da mucha vergüenza...

—¡Tacatá! —dijo Lola, parodiando al cadete—. ¡No hay derecho! Esto es casi un estafa. Como no cumplas lo ofrecido, se lo digo a *Madame*. ¿Es que te pasa algo?

—No, mujer; no tengo nada.

La ingenua le miró escéptica y burlona, y él deslizó al oído de ella tan convincente explicación que la hizo murmurar:

—¡Hijo, por Dios! ¡Qué flojo tienes el muelle!

Menos mal que Falito salvó la situación, entrando en compañía de la esperada amiga de Lolita, y al poco rato llegó Enrique, que recogió a Currito, y, despidiéndose de Lola, Filomena y Rafael, aconsejó a la «carabina»:

—Lleven ustedes el paraguas. Porque se me figura que esta tarde va a llover.

—No tendría nada de particular —exclamó Lola, con los ojos en éxtasis—. ¡Está el tiempo tan húmedo!

IV

El regreso a Toledo de Currito Molina, terminadas las vacaciones de Semana Santa, sumió a Lolita en profundo desconsuelo, porque durante varios días el fogoso cadete habíala deparado emociones indescriptibles.

Ahora, Lolita se cocía como en un horno demoníaco, reconstruyendo mentalmente los ardores del Real Cinema, cuando ella y Curro, pretextando que *Doloretes*[97] era una de tantas birrias[98] cinematográficas editadas por la casa Atlántida, se refugiaban en el antepalco, y mientras Rafaelito y la dama de compañía engullían pasteles celebrando los arrestos de la heroína de Arniches[99], ellos cambiaban silenciosamente besos, mordiscos y achuchones[100] que hubieran ablandado a las estatuas de la plaza de Oriente.

Lo que más excitaba a la tobillerita era sentarse sobre las piernas de Currito y sentir la inmediata palpitación con que el muchacho acogía su postura. El cadete la entrelazaba con el brazo izquierdo, y con la mano derecha, después de acariciar las pantorrillas de Lolita, ascendía hasta recrearse en la sedeña suavidad de los muslos. Templado por la fiebre que aquella criatura ingenua y libertina despertaba en él, estrujaba Currito aquella carne fresca y dura y calmaba su frenesí acercando su boca a la de la «guayaba», que, conteniendo unos suspiros que hubieran alarmado a Falito y *Madame,* escondía su lengüecita entre los labios del cadete, y le alentaba a introducir la mano en el escote de ella para que comprobase la tibieza de los pechos, cuyos botones parecían querer romper la seda del vestido para desafiar al cielo, inflamados por la pasión.

Luego se levantaban y él la oprimía, enardecido, contra la pared, como si pretendiera incrustarla en el tabique, y ella, al sentir clavados en su pecho los botones del uniforme, saboreaba una emoción terrible y deliciosa, sólo comparable a la que experimentaba cuando creía que él iba a atravesarla con el sable.

Y cuando el desvarío de la pareja alcanzaba su grado máximo, Lolita re-

---

97 *Doloretes* (1923): Versión cinematográfica de una famosa zarzuela homónima de Carlos Arniches (1866-1943). La película fue dirigida por José Buchs (1896-1973) y protagonizada por María Comendador y José Montenegro.
98 *Birria*: Cosa de poca valor o importancia.
99 *Carlos Arniches* (1866-1943): Dramaturgo español, autor de sainetes, comedias y zarzuelas, supo reflejar muy bien los ambientes populares y castizos de Madrid. Autor de, entre otras obras, *La cara de Dios* (1899) y *La señorita de Trevélez* (1916).
100 *Achuchón*: Abrazo cariñoso y apretado.

currìa a aquel extraño juego cultivado en el baño por Falito, y como maestra consumada, daba lecciones al cadete de una habilidad que aniquilaba al joven y le hacía desfallecer, con los ojos extraviados por la intensidad del goce.

De todos los muchachos que habían asediado a la «guayaba», ninguno había tenido la elocuencia de Curro para hacerla salir de su neutralidad. Pero después de los accidentados escarceos[101] con el ardiente gallo cordobés, las sensaciones que antes parecían a Lolita de un auténtico satanismo, le resultaron inocentes travesuras de ursulinas[102], y comprendiendo que todavía existía *un más allá*, lamentaba la partida del cadete, que había interrumpido esos descubrimientos amparos por Venus.

Toda la indómita lujuria que escondía el temperamento de la joven, flotaba a flor de piel y la obsesión obscena agudizóse, torturándola sin descanso. Las chimeneas de las fábricas y los árboles de las calles adquirían para ella apariencias de falos monstruosos que la estremecían de agradable pavor, y una noche comiendo tuvo que ser severamente reprendida por su madre debido a la morbosa complacencia con que mordía un plátano.

Soñaba despierta con locuras de una sensualidad pueril y rebuscada, y sus pupilas de topacio se le hundían en el cerco misterioso y violáceo de auténticas ojeras; las aletas de su nariz palpitaban a todas horas como anhelantes de aspirar las fragancias de Eros; un violento temblor agitaba sus muslos y toda ella encontrábase dominada por una laxitud que la habría hecho entregarse al primer hombre que la hubiese solicitado.

Una mañana Lola, al cruzarse en la galería de cristales con Fermín, el nuevo criado que servía a la mesa, sorprendió en el rostro del joven una sonrisa tan extraña, que la obligó a decirle:

—Oye, Fermín, ¿puede saberse por qué te ríes siempre que me miras?

Sorprendido por la pregunta, pero sin azararse[103], el sirviente explicó con la desenvoltura de quien está habituado a entenderse con damitas de alto copete[104]:

—¡Es que me pone tan contento ver a la señorita!...

—¡Ah! ¿Sí?

—¡La encuentro tan bonita! –afirmó valiente y risueño–. Y quisiera serla tan agradable que me gustaría poder adivinar sus pensamientos para servirla antes que me lo pidiese.

Rápidamente conquistada por la insospechable mundanidad del mozo, la «guayaba» dignóse concederle unas miradas de atención que la hicieron percatarse de la arrogancia del sirviente y advertir que, vestido de cadete, no hubiese desmerecido nada al lado de su hermano ni de Curro Molina. Porque Fermín tenía esa elegancia de «criado de casa grande», que, a veces, les hace confundibles con el propio señorito, y aunque Lolita no se hubiera enterado

---

101 *Escarceo*: Se refiere a «escarceo amoroso», relación amorosa superficial, aventura sexual.
102 *Ursulinas*: La Compañía de las Ursulinas, fundada por la religiosa italiana Angela de Mérici (1474-1540) es la primera orden religiosa de mujeres dedicada primordialmente a la enseñanza. También las niñas españolas estudiaban con las Ursulinas.
103 *Azararse*: También, «azorarse», turbarse, avergonzarse.
104 *De alto copete*: De alto linaje, importancia o lujo.

antes, poseía esa gentileza y esa fogosidad de los veintiún años. Ancho de hombros, delgado y musculoso, de facciones correctas y extraordinaria palidez, Fermín causaba la impresión de un aristócrata a quien rigores del destino le hubiesen impuesto el cargo de mozo de comedor. Siempre limpio y oliendo a juventud sana y pujante, Fermín justificaba la irresistible simpatía que despertaba irremediablemente en las señoras de las casas que servía, y que obligaban al señor a despedirle como medida prudencial.

En un momento, Lola se hizo cargo de que Fermín era una alhaja masculina, tan confortable y resistente como cualquiera de sus galanteadores del gran mundo, y aunque a ella le plácia encanallarse[105] con gente de su rango, empezó a aceptar la hipótesis de aceptar como recurso calmador de sus anhelos a un mozo de comedor digno por todos los conceptos de los favores de una niña encopetada[106]. Sin saber cómo detener a Fermín en la galería, la «guayaba» exclamo, por decir algo:

—Y... ¿estás contento en casa?

—Sí, señorita; muy contento –aseguró Fermín–. Lo que hacía falta es que durase aquí más que en las otras.

—Pero ¿qué haces que de todas partes te echan?

—Pues ser amable, señorita. Pero hay maridos tan celosos y papás tan desconfiados, que en cuanto una señorita joven le distingue a uno, como uno... no es del todo feo..., pues..., qué sé yo..., se creen lo que no es..., y le plantan a uno de patitas en la calle[107]... Es una verdadera desgracia.

—Sí que lo es –asintió la tobillerita.

—¡Porque hay que ver lo que uno sufre cuando tiene que servir donde hay señoras viejas! A mí, que me den casas donde haya señoritas como usted: guapas y jóvenes. ¡Se trabaja con más gusto y hasta por menos sueldo!

Fermín hablaba entusiasmado, aprovechando la ocasión que tanto deseara de una conversación en que pudiera atraerse la simpatía de aquella nena rubia y loca, que él, con su perspicacia de sirviente mundano presentía nadando en un mar de ansiedades voluptuosas. El muchacho, que por su discreción y su prestancia había realizado verdaderas proezas entre el elemento femenino aristocrático, aspiraba a incluir a la «guayaba» en la lista de Ineses[108] que su envidiable donjuanismo había sacrificado, y su acento vibrante y cálido impresionó a la nena muy favorablemente.

El diálogo interrumpióse por la entrada en la galería de Falito, y aquella misma noche soñó Lolita que Fermín se incorporaba al cortejo de militares y paisanos que desfilaban ante ella como el abuelo Adán cuando corría por el Paraíso en busca de una hoja de parra.

Y Fermín, el capricho de las damas de sangre azul, terror de esposos y de novios, de padres y de hermanos, tuvo otro sueño que Lolita hubiera apetecido se transformara en realidad.

---

105 *Encanallarse*: Corromperse, envilecerse.
106 *Encopetado*: De alto copete o alcurnia.
107 *Plantar a alguien de patitas en la calle*: Echar a alguien, expulsarlo de casa.
108 *Ineses*: Se refiere a Doña Inés de Ulloa, personaje ficticio de la obra teatral *Don Juan Tenorio* (1844) de José Zorilla (1817-1893). Inés es la mujer seducida y abandonada por Don Juan.

V

No hubiera nunca presumido Lolita Cotollano que fuese con Fermín con quien ella estuviese destinada a seguir su carrera de buscadora de emociones. Pero algo había que la encadenaba a aquel mocito guapo y zalamero[109], retrayéndola en sus aventuras con los gomosos cortesanos.

Como la casa era tan grande, la «guayaba» y Fermín sabían reunirse con frecuencia oportuna en las habitaciones apartadas para entregarse a las delicias de enervantes fechorías, que en nada afectaban a la integridad de la chiquilla, y muchas tardes, afectando ella un amor jamás sentido por las plantas del jardín, se encerraba en la estufa[110] con el joven, hablando luego a la familia de un cuidadoso riego que no afectaba para nada a las rosas ni a los claveles.

De aquellas entrevistas salía la pareja materialmente rota, porque el goce incompleto siempre desgasta más que la auténtica posesión, con unas ansias más voraces que las que les impelían a perpetrar las divinas monstruosidades que tenían el incentivo del peligro. El miedo a una sorpresa hacía más intenso el pecado; pero sus embriagueces, cuando no las frustraba Rafaelito con una entrada intempestiva[111], lejos de depararles un momentáneo consuelo, sólo servían para irritar más sus naturalezas, poseídas por la fiebre del deseo insaciable e insaciado.

Sin embargo, un domingo en que Lolita había sido invitada para pasar el día en el campo con unas amiguitas, regresó a media tarde al palacio de Cotollano, cuando Falito estaba con *Madame* en el «cine» y los padres de la muchacha se hallaban, como siempre, en una fiesta aristocrática. La servidumbre, recogida en sus habitaciones, no concedió importancia a la presencia de Lolita, suponiendo que vendría a cambiarse de traje para ir a algún teatro, y cuando entró en su alcoba advirtió que Fermín se deslizaba detrás de ella.

—¡Ah! –exclamó Lolita–. ¡Creí que eras la doncella!

—A la doncella le tocaba salir hoy –expuso Fermín, besando tranquilamente a la pequeña en la nuca–; pero aquí estoy yo para lo que se te ofrezca.

—Y... ¿esa gente? –preguntó la «guayaba» previsora.

—No hay casi nadie en casa. A mí me creen en la calle.

---

109   *Zalamero*: Que hace demostraciones de cariño exageradas y empalagosas.
110   *Estufa*: Invernadero.
111   *Intempestivo*: Fuera de tiempo, inoportuno, imprevisto.

Impaciente y excitado, Fermín había cogido a la pequeña entre sus brazos, y sin dejarla desprenderse del sombrero, la mordía en los labios, intentando tenderla sobre el lecho.

—No seas bruto, Fermín –replicó ella con voz reveladora de que también se hallaba predispuesta para un final heroico–. Déjame que me quite la capa y el sombrero.

El chico obedeció, y cuando ella arrojó ambas prendas sobre una silla, solicitó Fermín:

—Y ese traje también debes quitártelo. Tengo unas ganas de saber cómo estás sin camisa...

—Pues ¿cómo voy a estar ? –exclamó ella riendo–, ¡riquísima!

—¡Anda, quítate el traje! –insistió él–. Hoy podemos hacer lo que nos dé la gana, porque son las seis, y hasta las ocho no vendrá nadie.

—Es que... te tengo miedo...

—Anda, nenita, rica, no seas mala conmigo. ¡Con lo que yo te quiero!

Nervioso, había vuelto a apoderarse de la joven, e intentaba desabrocharle su vestido de crespón amarillo, adornado con piel de mono.

—No; estate quieto. Tú no sabes. Yo me lo quitaré.

Con increíble ligereza acercóse Lolita a la puerta de la alcoba para echar el pestillo, y en seguida quitóse la vaporosa creación de Thiele, que extendió sobre el tocador. Pero no conforme con esto, desprendióse de toda la ropa interior y quedó solamente con las medias y los zapatos de ante gris, preguntando al muchacho:

—¿Y ahora, estás contento?

En el óvalo del rostro, los ojos se entornaban con la expresión de Salomé en el momento de pedir la cabeza del Bautista[112], y Fermín, que la hubiese concedido hasta la cabeza de La Goya[113], abalanzóse rudamente sobre ella, y cogiéndola en alto, la condujo hasta el lecho.

—Nena, nenita mía, ¡con lo que tú me has quitado el sueño, con lo que yo he deseado este instante! Pero todo llega en este mundo, y hoy vas a ser mía, muy remía, porque yo te merezco más que cualquiera de esos «niños

---

112 *Salomé*: Princesa idumea, hija de Herodes Filipo y Herodías. Cuenta la tradición que Salomé, mujer de gran belleza, bailó para su padrastro y éste, entusiasmado, le prometió el obsequio que ella deseara. Salomé pidió como regalo la cabeza de San Juan Bautista, que le fue entregada –y así se representa esta escena en múltiples obras de arte– en bandeja de plata.

113 *La Goya*: Aurora Purificación Mañanós Jauffret (1891-1950), famosa cupletista que, al contrario que la mayoría de las cupletistas, era de clase acomodada y gozó de una educación esmerada y cosmopolita. Gran amiga de Retana, a él debe su apodo de «La Goya» y gracias a él debutó con gran éxito en el legendario Trianon Palace. Siempre discreta y menos descocada que sus colegas, La Goya no mostraba más que los brazos en las actuaciones, y le bajaba el tono a las picardías y al erotismo explícito. Tuvo un largo noviazgo, muy sonado y que nunca culminó en boda, con el gran torero Ricardo Torres, el «Bombita.» La Goya recibió la admiración de los intelectuales de la época, entre ellos, Joaquín Dicenta, Valle-Inclán y los hermanos Alvarez Quintero. Fue la primera mujer que actuó en el Teatro Lara, y una de las primeras cupletistas que grabaron discos. Algunos de los cuplés más famosos –«El Balancé», «Ven y Ven» (cuplé compuesto por Retana), y «Tápame, Tápame»– fueron compuestos para ella.

peras[114]» que te hacen el amor.

—No me asustes, Fermín. ¿Qué vas a hacer?

—Demostrarte que te quiero y hacerte gozar mucho. Y gozar yo también. Pero ¿tú crees que podía conformarme con lo poquito que me dabas? No; yo te quiero toda. Y aunque luego me maten, aunque seas mi perdición, hoy va a ser el día más feliz de nuestra vida.

Lolita, que había cerrado los ojos para no ver desnudarse a Fermín, sentíase sin fuerzas para resistir a la osadía de aquel guapo mozo que tan ardientemente deseaba, y cuando le sintió desnudo junto a ella percatóse de que sería inútil resistirse. Entregóse casta e impúdica, con los ojos cerrados e hirviente de deseos, sin pensar en otra cosa que en complacerle a él y en complacerse a sí misma. Olvidóse de lo divino y de lo humano para gozar esplendorosamente, sin trabas de ninguna clase y sin remordimientos, segura de que «aquello» era su destino, y no valía la pena de amargarse el rato oponiendo dificultades e invocando prejuicios. Curiosa y amoral, Lolita, como tantas buscadoras de emociones, finalizaba como todas las muchachas que no saben ser fuertes contra el demonio de la sensualidad: disponiendo de lo que es suyo; pero que no se debe dar a nadie porque es el único tesoro con que cuenta la mujer para obsequiar a su marido la noche de la boda.

Y cuando todo hubo acabado, cuando la infatigable bebedora de sensaciones de la carne quedó ahíta[115] de goce, medio desvanecida de placer bajo la férrea opresión de aquel mocito pálido, que no hubiera desdeñado una reina para sus liviandades[116], la «guayaba» exclamó con voz velada:

—¡Por aquí debía yo haber empezado!...

---

114 *Niño «pera»*: Joven cursi, atildado, excesivamente fino y elegante.
115 *Ahíto*: Saciado, harto.
116 *Liviandades*: Caprichos, placeres.

El tonto
Novela

por
Álvaro Retana

Ilustraciones de Guillén

MADRID
Sucesores De Rivadeneyra (S. A.)
Paseo de San Vicente

Todas las ilustraciones son de la edición original de la novela (Madrid: Colección *La novela de hoy*, 1925). (Dibujos de Guillén).

A Manera de Prólogo

El veneno de la celebridad.

Cuando entro en casa del novelista galante más discutido de España, cuyas obras están ahora traduciéndose, éste, que acaba de leer su copiosa correspondencia, desflora con un cuchillito de plata un diminuto paquete recién llegado de Barcelona.

Al abrirle surge una pulserita de oro y perlas, un precioso trabajo de joyería, con una placa donde aparecen grabados dos nombres: por un lado, Álvaro, *y por el otro,* María Antonia.

—¿Eh? ¿Qué le parece a usted? Esta es la quinta pulsera de mi colección–dice Retana con pueril alegría.

Luego, mientras su bella esposa, que me ha servido una copa de Chartreuse[1]*, se retira para tocar en la pianola*[2] *un vals romántico, sale también Retana por un momento y vuelve con cuatro pulseritas, que extiende ante mis ojos, triunfal, sobre la mesa de trabajo.*

—Esta, toda de oro liso, es de La Goya[3] *–afirma Retana–. Esta, de perlas y platino, de Marujita Lopetegui*[4]*. Esta, de oro con una plaquita redonda, de Antonia de Cachavera*[5]*; y ésta, de platino, perlas y brillantes en el broche, es de Eduardo Fernández, un admirador, también de Barcelona.*

---

1   *Chartreuse*: Un tipo de licor francés.
2   *Pianola*: Mueble y aparato que se acopla al piano y sirve para ejecutar mecánicamente las piezas impresionadas a base de perforaciones en un rollo de papel.
3   *La Goya*: Aurora Purificación Mañanós Jauffret (1891-1950), famosa cupletista que, al contrario que la mayoría de las cupletistas, era de clase acomodada y gozó de una educación esmerada y cosmopolita. Gran amiga de Retana, a él debe su apodo de «La Goya» y gracias a él debutó con gran éxito en el legendario Trianon Palace. Siempre discreta y menos descocada que sus colegas, La Goya no mostraba más que los brazos en las actuaciones, y le bajaba el tono a las picardías y al erotismo explícito. Tuvo un largo noviazgo, muy sonado y que nunca culminó en boda, con el gran torero Ricardo Torres, el «Bombita.» La Goya recibió la admiración de los intelectuales de la época, entre ellos, Joaquín Dicenta, Valle-Inclán y los hermanos Alvarez Quintero. Fue la primera mujer que actuó en el Teatro Lara, y una de las primeras cupletistas que grabaron discos. Algunos de los cuplés más famosos –«El Balancé», «Ven y Ven» (cuplé compuesto por Retana), y «Tápame, Tápame»– fueron compuestos para ella.
4   *Maruja Lopetegui*: Cupletista y también actriz del cine de los años veinte, cincuenta y sesenta. Actuó en películas como *La sin ventura* (1923) basada en una novela del mismo nombre del escritor erótico José María Carretero, «El Caballero Audaz» publicada en 1921, *El Niño de las monjas* (1925), *Me casé con una estrella* (1951) y *Chafalonías* (1960).
5   *Antonia de Cachavera*: Más conocida como «La Cachavera», fue una de las grandes cupletistas y estrellas del género chico y de la «sicalipsis» (para la definición y descripción de los términos «sicalíptico» y «sicalipsis» remitimos a la introducción a este volumen), así como piedra de escándalo de la sociedad española. En 1910, junto con otras actrices de la compañía de teatro «Circo Price», fue llevada a juicio tras el estreno de la obra de teatro «La diosa del placer». El juez absolvió a las «culpables», tras dictaminar que la obra era «atrevida», pero no «inmoral».

—¿Quién es esta María Antonia? —pregunto.

—María Antonia es una señorita «bien» de Barcelona con cuya amistad epistolar me honro. La más bella e inteligente de las hijas de Eva. Una criatura plena de encanto femenino. Ahora hago un viaje a Barcelona para saludarla exclusivamente. Véala usted aquí.

Debajo del cristal de la mesa de trabajo de Retana, entre una innumerable colección de retratos de mujeres bonitas, se destaca esta María Antonia, de una belleza aristocrática e inquietante.

—¡Ah! También la tengo en mi altar.

—¿Tiene usted un altar, Retana?

—Sí; un altar laico. Donde yo estoy presidiendo en calidad de dios mayor y en cuya gradería figuran todos los santos de mi devoción.

Vuelvo la vista hacia donde Retana me señala y veo un altarcito muy curioso, tapiado de terciopelo rojo, con candelabros[6] de plata, floreros de cristal, y encerrados en marquitos, los santos de la devoción del artista: María Antonia, Luisita Esteso[7], Antonia de Cachavera, una tal Rosita, que asoma únicamente la nariz entre un velo blanco; Matilde del Castillo, María Conesa[8], Mercedes Fifí, una mujer bellísima con tocas monjiles y dos o tres muchachos.

—Retana, usted siempre tiene aquí alguna extravagancia con que sorprender.

—No lo crea usted. Cuando abriría usted una boca como una espuerta es si le llevara a mi finca de Torrejón[9]. Ahora la estoy transformando en un verdadero y palpable palacio episcopal. Me han puesto unas rejas sevillanas en la portada, hechas en una cerrajería artística, con arreglo a modelos del siglo XVII, que son idealidades. Mi patio andaluz, con rejas, azulejos, celosías, estanquito, surtidores y bancos, es una preciosidad. En la fachada he puesto una Virgen de la Macarena[10]

---

6   *Candelabro*: Candelero de dos o más brazos que se sostiene por su pie o sujeto en la pared y mantiene derechas las velas o candelas.

7   *Luisita (Luisa) Esteso*: Humorista, bailarina y actriz de varietés, hija del actor humorista Luis Esteso. A Luisa Esteso la prensa la compara con otras cupletistas y actrices famosas de la época, como La Goya y Raquel Meller. Luisita recorría los teatros de su provincia natal, Murcia, y otros locales de Levante y Andalucía, actuando junto a su padre. Este contaba chistes, y ella cantaba, acompañada de la bailarina Pilar Calvo. Luisa Esteso se hizo famosa cantanto el cuplé de Pedro Jara Carrillo, «Sangre y Arena.» En 1928 y tras el fallecimiento de su padre, Luisita se puso al frente de la compañía de teatro de éste, y continuó con sus giras regionales.

8   *María Conesa* (1892-1978): Conocida también como «La Gatita Blanca», fue una famosa tiple cómica nacida en Valencia, España, que pronto se trasladó a México y alcanzó en este país gran fama. Conocida como «la tiple de la Revolución» en México, dicen que Pancho Villa se prendó de ella. El músico Agustín Lara quedó tan impresionado al conocerla que le dedicó dos piezas musicales, «La guapa» y «Monísima mujer». Cultivó no sólo la zarzuela y la operata, sino que fue una de las principales impulsoras de la revista musical Mexicana. María Conesa coqueteó con Hollywood, pero nunca llegó a aceptar una oferta. Cuando comenzó a decaer el género del teatro frívolo, María Conesa hizo algunas incursiones en el cine de los años cuarenta y cincuenta e incluso actúa en una telenovela de los años sesenta. En todo caso, poco antes de su muerte en 1978, fue nombrada, en el Casino Español de México, «María de México y España».

9   *Torrejón* (Torrejón de Ardoz): Municipio residencial situado en la zona este de Madrid. Conocido porque en sus cercanías se encuentra el aeropuerto de Barajas. En tiempos de Retana, era un pueblo de las afueras de Madrid.

10 *Virgen de la Macarena*: Advocación mariana venerada en la Basílica de La Macarena, de Sevilla.

en azulejos, también hecha para mí, que dan ganas de gritar ¡viva Sevilla, que es lo mejor del mundo! Toda mi finca rebosa andalucismo, porque yo, aunque por desgracia no nací en la tierra de María Santísima, soy tan andaluz de espíritu como si hubiera nacido en el corazón de aquella región de maravilla.

Luego, animándose por instantes, prosigue Retana:

—*¿Se acuerda usted de la primera interviú que me hicieron hace tres años en la* La Novela De Hoy?[11]

Entonces acababa de comprar mi finca y me había gastado en ella ocho mil duros. Hoy pasarán de diez y ocho mil. ¡Pero si viera usted qué feliz soy cuando me escapo de Madrid y me encierro allí solo a trabajar! ¡Qué dicha olvidarme de mí mismo y ocultarme en un rincón pueblerino a recordar mis tiempos de niñez, cuando era blanco y puro, cuando ninguna mala idea había anidado en mi frente y no había mordido, como hoy, la fruta del Bien y del Mal, ni sentía el veneno de la celebridad! ¡Si supiera usted lo que yo daría por no haber escrito tanta atrocidad, por no ser quien soy, por poder cruzar la calle sin que nadie me reconociera! ¡Cómo envidio a la gente oscura! ¡Qué abominable es ser muy conocido!

De repente, cuando parecía transportado a otras regiones, se levanta y exclama cambiando radicalmente el tono de voz:

—*¡Ah! Sabrá usted que estoy formando una compañía de revistas y variedades modernas, para realizar una* tournée[12] *por toda España. Llevo tres obras mías —letra y música—, veinte mujeres estupendas, que sacaré a escena bastante ligeritas de ropa, y como fin de fiesta daré yo conferencias para atraer al público. Estoy dispuesto a armar un alboroto en toda España y que me ladren hasta los perros.*

— Mariano Tomas[13].

---

11   *La Novela de Hoy*: Famosa colección de 526 novelas cortas creada y dirigida por el escritor Artemio Precioso y publicada entre 1922 y 1932. Los temas de esas novelas eran variados, aunque abundaban las novelas galantes y eróticas. Fueron muchos los escritores que colaboraron con la colección, entre ellos, Álvaro Retana con las novelas *Los Ambiguos*, *Lolita buscadora de emociones*, y *El tonto*, reproducidas en esta edición crítica. La cuarta novela que incluimos aquí, *Las «locas» de postín*, apareció originariamente en una colección de novelas eróticas llamada «Colección Afrodita.»

12   *Tournée*: Del Francés. Gira, una serie de actuaciones de una compañía teatral.

13   *Mariano Tomás* (1890-1957): Poeta, novelista y periodista español, autor de novelas sentimentales y tamizadamente eróticas, como *La florista del Tiberíades* (1926), *Semana de Pasión* (1931), por la que obtuvo el importante Premio Gabriel Miró en 1934, *Venga usted a casa en primavera* (1933) y *Sinfonía incompleta* (1934).

Dedicatoria

A María Antonia, la original muñeca que, desde Barcelona, me envía las fragancias de su amistad y su talento.
Para que se horrorice literariamente.

Álvaro.

— 29 —

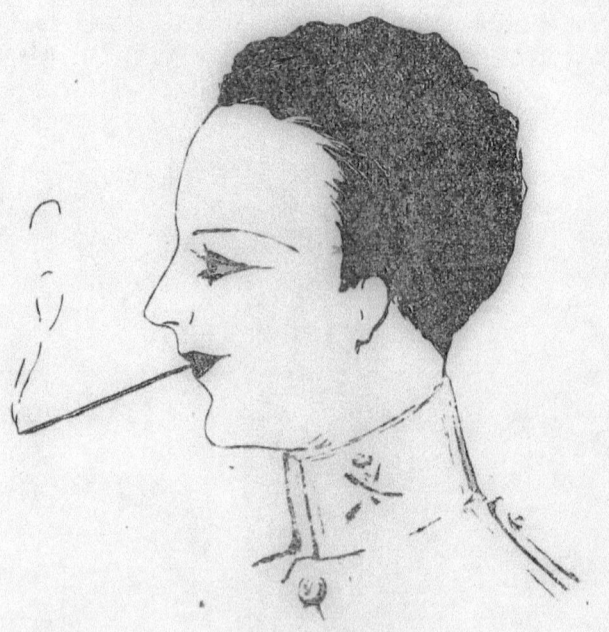

I

Desgraciadamente, las mujeres más bellas no son las más virtuosas.

Por eso, a nadie extrañará que mi amiguita Aurelia, verdadero modelo de fragante hermosura, digna de ser colocada junto a las beldades más fulminantes de la Historia, carezca en absoluto de virtud.

Aurelia es soberanamente linda; pero no es honesta; con lo cual eso salimos ganando sus amigos. Y me duele hacer esta confesión, porque siempre es doloroso para un artista que, como yo, conversa con las multitudes, y quisiera citar personas de edificación, siempre que hable de una amiga bonita tenga que advertir inmediatamente que esa amiga... *peca,* para no emplear otra expresión más gráfica.

La gentil Aurelia es *cocotte*[14]. Y como, según ella, ser *cocotte* no es ninguna deshonra, esto, que tampoco la desprestigiaría ante mis ojos, la ha creado una importante aureola entre los doce graves padres de la patria que sostienen su rango.

Estos varones, más respetados que respetables, que disertan sobre moral en los salones del gran mundo, gustan de desmoralizar jovialmente en la florida camareta persa de mi preciosa amiga. Y escuchan embelesados, con un divino e infernal arrobamiento, a la perturbadora Aurelia cuando ella, que está envenenada de literatura galante[15], lee, traviesa, alguna producción erótica de un sangreazulado príncipe de las letras.

Aurelia cultiva la perversidad literaria, no sabemos si como un recurso para amenizar esos decamerones a que antes hice referencia, o para avivar en sus vetustos protectores el fuego de una ilusión que, ¡ay!, los años marchitaron implacables.

Aurelia vive entre las llamas del deseo cerebral e inofensivo de sus adoradores, como una salamandra enferma de hipotéticas lujurias, y los seudovenerables senadores que concurren a las veladas para saborear las delicias de un chocolate con soconusco[16], únicas delicias positivas que pueden saborear a medias con la cautivadora Aurelia, entre sorbo y sorbo de leche con azuca-

---

14   *Cocotte*: Del Francés. Mujer promíscua. Prostituta de lujo.
15   *Literatura galante*: Literatura que trata con picardía un tema amoroso.
16   *Soconusco*: Variedad de cacao proviene del estado de Chiapas en México, muy valorado por su sabor amargo.

rillo[17], han escuchado, insaciables, todas las truculencias gratas a la dueña de la casa.

Como una Sherezada *modern style* que hablase para una docena de sultanes Shahriar[18], Aurelia ha documentado a sus favorecedores en toda clase de picardías literarias. Ha contribuido notablemente a la cultura de sus protectores oficiales –Aurelia es como esas casas de banca que representa la unión de diversos accionistas–, y éstos le deben muy buenos ratos de esparcimiento espiritual, ya que el esparcimiento material hubiera sido relativo.

Aurelia, que ha viajado por todo el viejo continente, domina a la perfección las lenguas latinas, y en sus ratos de ocio ha acometido la tarea de traducir, con bastante más discreción que muchos profesionales, algunas obras de autores clásicos solemnemente libertinos, con la plausible idea de *epatar*[19] a sus tertulianos, que inclinan las coruscantes[20] calvas en señal de asentimiento y complacencia cada vez que mi amiga les da a conocer la versión de alguna obra escrita en un idioma para ellos desconocido, como el Francés o el Italiano.

Pero, desgraciadamente, no hay manantial que no se agote, singularmente si de su uso llega a hacerse abuso; y Aurelia, después de haber sacado a relucir todas las historietas picantes de los tiempos antiguos y modernos, ha jadeado en el vacío, y en su deseo de agradar a sus oyentes, ha tenido que recurrir a relatar su propia vida, una novela pecaminosa bastante más atrayente que alguna de las que forjamos los escritores galantes para satisfacción del público devoto de este género.

Aurelia, obsesionada con la idea de distraer a sus amigos, nos ha ido confesando en diferentes noches los mil y dos secretos de su existencia accidentada, y con una morbosa delectación se ha desnudado, espiritualmente, ante nosotros para que contempláramos el sugestivo espectáculo de sus múltiples caídas.

Hace muy pocas noches, Aurelia se encontraba en su *boudoir*[21] rodeada

---

17   *Azucarillo*: Dulce típico español, hecho fundamentalmente con azúcar, que se consumía normalmente durante las meriendas, acompañado de un vaso de agua o de leche y de una copa de aguardiente. Tiene una consistencia porosa y rígida.

18   «*Como una Sherezada modern style que hablase para una docena de sultanes Shahriar*»: Sherezada (o Sherezade) y Shahriar son los dos protagonistas principales de *Las mil y una noches*, famosa recopilación de cuentos fantásticos árabes del Oriente Medio medieval. Como cuenta el primer relato incluido en la colección, Sherezade (Retana la llama «Sherezada»), la narradora, halla la manera de librarse de los instintos asesinos del sultán, *Shahriar*, quien ha matado a todas sus amantes. Para evitar un destino parecido –el sultán tiene la intención de sacrificarla cuando acabe su relato– Sherezade entretiene al Sultán contándole una interminable cadena de peripecias. Retana cita con frecuencia *Las mil y una noches* en sus novelas. El erotismo y decadentismo orientales de esta colección de cuentos del Oriente Medio encontraron oportuna resonancia en la narrativa sicalíptica retaniana.

19   *Epatar*: Del Francés, épater. Deslumbrar, o pretender producir asombro o admiración.

20   *Coruscante*: Que brilla.

21   *Boudoir*: Del Francés. Alcoba o estancia privada habitada por una mujer. Con frecuencia, tocador, habitación o gabinete que se emplea para peinarse y arreglarse.

22   *Vetusto*: Extremadamente viejo, anticuado.

23   *In illo tempore*: Del latín. En otros tiempos o hace mucho tiempo.

de un vetusto[22] general que *in illo tempore*[23] supo batir a Venus con tanta bizarría como a Marte[24]; un barrigudo ex senador también famoso hace veinte años por su envidiable puntería al disparar con los arneses de Cupido; un banquero, que, a pesar de sus conocimientos hacendistas[25], ya no serviría para ministro en ningún Gabinete del Amor; y yo, que estoy conceptuado por los doce varones protectores de Aurelia como un correcto amigo de la dueña de la casa, incapaz de traicionar a esta docena de accionistas reunidos para explotar esa finca que algunas nietas de Eva conservan tan maravillosamente a pesar del crecido número de inquilinos que la disfrutan.

Aurelia siempre habíase negado a revelarnos el misterio de su primera hora de amor; pero, acuciada[26] aquella noche por los tres adoradores y por mí, que también a veces tengo curiosidades porteriles[27], disculpables en mi calidad de novelista, determinóse a sorprendernos con el suculento relato de su *debût* en la carrera del Pecado, que ella ha terminado con la clasificación de sobresaliente y obteniendo matrículas de honor en las principales asignaturas.

---

24 *Marte*: Dios griego de la guerra.
25 *Conocimientos hacendistas*: El conocimiento de asuntos de administración o de impuestos.
26 *Acuciar*: Impulsar a alguien a ejecutar una acción.
27 *Porteril*: Perteneciente o relativo al portero o encargado de una garita o portal. A los porteros y, en particular, a las porteras, se las ha acusado tradicionalmente de ser chismosas y de meterse en la vida privada de los inquilinos. Por ello, esa mención a las «curiosidades porteriles.»

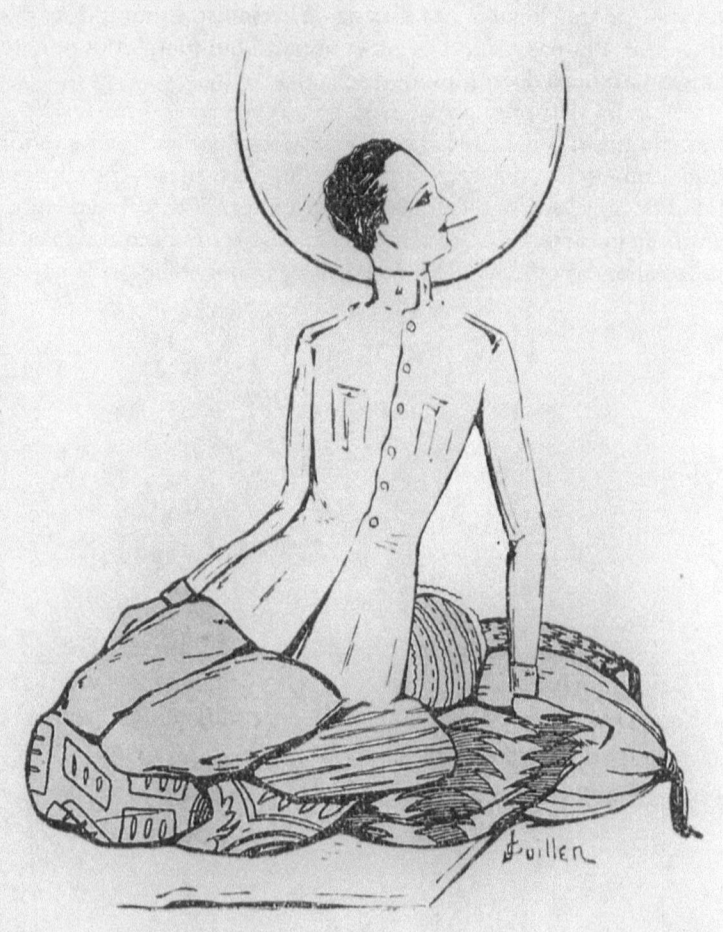

II

—Debo deciros —empezó la deliciosa Aurelia, encendiendo un cigarrillo egipcio perfumado en la dorada boquilla con «Rosas» de Coty[28]– que hay hechos en nuestra vida que no son para contados ni gustamos siquiera de evocarlos; pero puesto que vosotros lo deseáis, deshojaré la rosa de mis melancolías, resucitaré mi entrada en este mundo del Placer y del Vicio, en que tan triunfadora me habéis encontrado, para que os percatéis de que entonces hice el tonto de la manera más perfecta.

Yo he sido la tercera hija de una familia honorable y burguesa que rivalizó en mimarme desde mi nacimiento. Tanto mis padres como mis dos hermanas mayores, ya casadas, me han tratado como a una muñeca de carne y hueso, y me han hecho compartir sus juegos y caprichos, concediéndome toda preferencia.

Desde que vine al mundo yo he sido el bebé que fuerza la voluntad del papá, que recoge todos los consentimientos maternales, y del cual dicen, oficiosas, las hermanas: «Es demasiado bonita; parece una muñeca.» Yo fui esa niña consentida que entra en el cuarto de las hermanas mayores y se embelesa en la colocación de las bellas cajitas, en el roce de las sedas y en el tibio perfume de las mujeres. Se abandona, gozosa, en manos de las muchachas que la rizan, la empolvan y la apuran las gracias; penetra en sus habitaciones y comparte sus siestas, y huye instintivamente de lo que es feo, sucio o grosero.

Y las criaturas nacidas con el estigma de una debilidad fisiológica o moral, vamos insensiblemente, atraídas por una llama ideal, hacia el paraíso de los deleites extraordinarios.

En mis catorce años yo era una niña frágil y enfermiza, perturbada por el demonio de las lecturas perniciosas, linda en mi aspecto decadente, extraordinariamente pálida y morena, delatando en mis ojos negros y febriles la terrible inquietud que minaba todo mi ser.

Yo era un tipo «muy fin de raza», caprichosa, sensual, mal educada, ávida de emociones condenables, y figuraos, pues, cómo en mi paradójica inocencia caerían los extraños relatos que las compañeras de colegio me traían sobre la personalidad de doña Julia, la profesora de Francés.

Este nombre aparecía mezclado en una serie de hechos monstruosos.

---

28 *Coty*: Nombre de la empresa de perfumes más grande del mundo, fundada en Francia en 1904.

Doña Julia era una mina de oro. Las muchachas que la habían tratado contaban, cada una a su modo, la aventura, consistente en mostrarse desnuda ante la caprichosa, para cobrar cinco pesetas. El dinero no podía tentarme, pero la fantástica aureola de doña Julia, sí; y durante muchas noches bailoteó en mis somnolencias como un genio que bebía por los ojos los lánguidos perfiles de las adolescentes.

Era una mujer rubia y gentil, con el aire altivo de aquellas marquesas del siglo XVIII, que malogró la guillotina[29], y siempre que bajábamos al jardín de recreo algunas compañeras, las iniciadas, generalmente, la señalaban con sus risas. Yo no podía adivinar qué secreto contubernio[30] podía existir entre la francesa y la chiquillería, hasta que un día doña Julia reparó en mí; con un insolencia de poderoso, me acarició las piernas con su mirada, y luego me hizo un gesto, al que respondí echando a correr como si me hubiera amenazado.

Al otro día supe que la profesora de Francés sostenía con largas propinas una guardia muchachil de sus depravados deseos. Había chicas mayores que se dedicaban a la busca de pebetas[31] bonitas y candorosas para aquella sultana pervertida, y yo sabía de algunas que habían sido llevadas casi a la fuerza al antro[32] de la francesa. Y alrededor de mí, una de aquellas corredoras de virginidades[33], comenzó a tejer la tela de araña de la seducción.

—Ayer, doña Julia me ha paseado en coche; dice que me va a regalar una caja de costura.

—¡Bah! ¡Mi mamá me va a comprar unos patines!

—Pues doña Julia tiene en París una fábrica de juguetes...

Una tarde pedí permiso en casa para ir a pasear con mis amigas a la salida del colegio, y entre ellas venía la tentadora. En el paseo de coches del Retiro no sé cómo se las arregló, pero les dio esquinazo[34] a las demás y se quedó sola conmigo. Entonces cruzó junto a nosotras doña Julia en un coche, y, después de saludarnos, hizo parar el coche y nos invitó a subir para dar un paseo con ella. Yo no supe negarme, y caí en la celada[35] tan diestramente tendida, y la francesa desplegó ante mí todo su fantástico oropel[36]; me llenó los bolsillos de bombones, me prodigó los más tiernos halagos y, al fin..., nos condujo a su casa, donde nos rogó que me descalzara para fotografiar mis piernas, que irían a engrosar su colección de extremidades incógnitas.

Como buena escrutadora, la francesa no se propagó en nada, sino que apuraba su amabilidad para ganarse mi confianza.

---

29 *Guillotina*: Máquina empleada en Francia, durante la Revolución de 1789, y en otros países europeos, para aplicar la pena capital por decapitación. Una víctima famosa de la guillotina, a la que alude indirectamente Retana, es la Reina Maria Antonieta, famosa por su frivolidad, su vida disoluta, y su amor a lujos y excesos.

30 *Contubernio*: Alianza o liga vituperable o censurable.

31 *Pebeta*: Niña.

32 *Antro*: Lugar de mala reputación.

33 *«Corredoras de virginidades»*: Comerciantes de virginidades.

34 *Dar esquinazo*: Rehuir el encuentro de alguien.

35 *Caer en la celada*: Ser engañado con un ardid o artificio.

36 *Oropel*: Cosa de poco valor y mucha apariencia.

—Si mañana volvéis por aquí, os enseñaré muchas cosas...

Y nos despidió con un beso a cada una, que más tenía de tranquilizador que de alarmante.

III

—Aquel «mañana» –prosiguió Aurelia, después de una corta pausa– fue esperado por mí con tanto miedo como curiosidad. ¡Gran trabajo le costó a mi falsa amiga llevarme al antro de la profesora de Francés! Esta nos recibió en una salita toda colgada de detalles entretenedores; un diván hecho de almohadones nos sirvió de asiento, y desde allí se descubría toda la distribución de la casa: el comedor y la alcoba, todo claro, sencillo como un confortable interior inglés. Mientras mi amiga se atiborraba[37] de pastas y vino dulzón, doña Julia puso sobre la mesa una caja, en forma de corazón, con sus cuerdas metálicas, y rascándolas con un arco de violín, extrajo de la cítara[38] los más hermosos sonidos que yo no había escuchado ni en sueños.

La verdad es que estaba guapa doña Julia con su abundante cabellera rubia alborotada como una hoguera sobre su rostro de un blancor azulado, donde ardían dos ojos maravillosamente verdes que rimaban a maravilla con el rojor exasperado de la boca de labios finos y arqueados. Aunque ella confesaba veintisiete años, no representaba arriba de diez y ocho, y contribuía a rejuvenecerla un trajecito negro de crespón ajustado y sencillo, sin más adornos que unos vivos de terciopelo azul que bordeaban el cuello y las mangas.

Fuera del colegio ofrecía un aspecto tan juvenil, tan envolvente y tan lleno de espiritualidad, que yo me sentía atraída irresistiblemente por ella, y no pensaba en otra cosa que en escuchar las tiernas melodías que arrancaba a la cítara, sin cesar de mirarme sonriente.

Era una música punzante y perforadora que levantaba el alma. La profesora de Francés, lista y certera, tocó el *leit-motif*[39] de mi seducción. ¡Divina música de Mendelssohn[40] nunca tan criminalmente empleada!

Doña Julia no me arrancó mis virginidades, porque le impuso mi soberana candidez de niña de catorce años; pero me robó mi pureza espiritual

---

37 *Atiborrar*: Llenar algo forzando su capacidad.
38 *Cítara*: Instrumento musical antiguo semejante a la lira, pero con caja de resonancia de madera. Modernamente esta caja tiene forma trapezoidal y el número de sus cuerdas varía de 20 a 30. Se toca con púa.
39 *Leit-motif*: Del alemán. Tema musical recurrente y dominante en una composición.
40 *Felix Mendelssohn (1809-1847)*: Compositor alemán del Romanticismo, muy conocido por sus sinfonías y otras obras musicales melódicas y apasionadas; entre ellas se destacan *El sueño de una noche de verano* (1826) y su *Canción de primavera*, de la colección *Canciones sin palabras* (1844), una meditación sobre la belleza y frescura de la juventud.

y me enfermé de una inquietud morbosa. Maestra en sensibilidades, partió mi alma blanca, y en el ritual de la Vida se la ofreció al Pecado.

Desde este día doña Julia fue mi profesora de Estética.

Me abría con su evocaciones los caminos del mundo, y me dió una concepción feliz de la Vida. Nuestras costumbres se hicieron comunes. Era una exquisita limpia, a plena luz, y sabía cubrir su mitad faunesca[41] para mostrarme su mitad de ninfa[42], y las formas todas de su sensualidad se desarrollaban en el suavísimo juego de su arco bucal[43]. En ese delicioso arte, como en el de pulsar la cítara, se le reconocía la procedencia. Perdí aquel miedo que sentía junto a ella por el peligro de mi integridad, pues no sé si temiendo a las consecuencias fatalísimas de un acto brutal, o teniendo en cuenta la flojedad de nervios propia de las de su raza, la francesa no intentó un asalto en toda regla.

Mi nueva amistad vino a ensanchar el círculo de mis conocimientos, porque mi familia, a pesar de todo, me ha concedido desde los trece años una relativa independencia, y mi existencia fuese complicando secretamente en las estrechas paredes de aquella garzonera[44] bonita y aislada de mi barrio, silencioso y burgués.

Señalé un par de horas a mi amiga para acudir diariamente a su nidito después del colegio, a consumirle las excelencias de Palmer's[45] y emborracharme de fantasías.

La vida de mi amiga era una trayectoria fugaz por las ciudades viciosas, y en su memoria guardaba, con los nombres más célebres, las aventuras más peregrinas.

Aprovechaba yo las dos horas qua me concedían para pasear, y, con los libros bajo el brazo y los dedos manchados de tinta, me presentaba delante de mi profesora de Francés para hacer vibrar su sensibilidad con mi gracia ingenua.

Estas embriagueces de fantasías comenzaron a defraudarme, cuando mi amiga, como una gran cosa, me invitó a sus reuniones domingueras. Acepté gustosa, tanto por evitarme la asistencia al *cine* con mis hermanas, que empezaban a aburrirme, como por conocer caras nuevas en el mundillo de los elegantes depravados; y, obtenido el permiso de mi familia, bien ajena a los peligros que encerraba mi amistad con la profesora de Francés, me dispuse a saborear sensaciones nuevas con esa impaciencia de mis pocos años.

---

41 *Faunesca*: De *fauno*, o semidiós mítico de los campos y selvas. También se refiere a un hombre lascivo.

42 *Ninfa*: Cada una de las fabulosas deidades de las aguas, bosques, selvas, etc. de la mitología grecorromana, llamadas con varios nombres, como dríada, nereida, etc. Las ninfas pueden ser víctimas de los faunos. El hecho de que Julia sea parte fauno y parte ninfa significa que tiene cualidades masculinas y femeninas. Es depredadora y seductora a la vez.

43 *«Las formas todas de su sensualidad se desarrollaban en el suavísimo juego de su arco bucal»*: En otras palabras, que la bella institutriz francesa era maestra en besar.

44 *Garzonera*: Del Francés, garçonnière. Se refiere a un piso pequeño o estudio en el que un hombre casado —en este caso, una lesbiana libertina- recibe a sus amantes.

45 *Palmer's*: Probablemente el nombre de alguna pastelería o comercio madrileño de la época en el que se vendían *delicatessen*.

IV

—Doña Julia me citó a una hora en la que me encontré su saloncito congestionado por el vaho perfumoso de los que allí se reunían: una señora vieja, fea como un bulldog, vestida de sedas negras, de modales amplios y solemnes, y voz tan digna de su fisonomía, que ponía en cuidado; un cadete de Infantería[46] muy pintado, que fumaba en una boquilla de media vara, sentado a la oriental sobre un almohadón, como un *bibelot*[47] de tocador, y tenía el pelo negrísimo y crespo, la carnación nacarina y los ojos del color de las uvas tintas. El tercero era un señor bastante guapo y alto, sin más inconveniente que el peluquín[48], de un rubio oxigenado, muy mal disimulado sobre su cara, demasiado lánguida y clara, y los últimos personajes eran dos viejas de exteriores venerables, que me olfatearon bien como buenos perdigueros[49].

Mi amiga me tomó de la mano y me presentó a la reunión. Después me llevó a la ventana, abierta, y desde allí me hizo una ligera historia de aquellos tipos. Bebían, fumaban y hablaban discretamente, y yo apenas podía entender aquella jerga complicada de grullos sabihondos[50]. Pero encontré atractivo en la contemplación de aquel cadete, que no debía sobrepasar en tres a mis catorce primaveras. No era guapo, pero su aire ambiguo le hacía interesantísimo. Parecía una chiquilla disfrazada, y acogía la empalagosa afectuosidad de la vieja de cara de bulldog con una mueca resignada que llegó a intrigarme.

Os digo que entonces tanto miedo me producían las mujeres como los hombres, y aquel cadete, que desde un principio me asaetaba con un juego de señales extrañas, me tenía en un brete[51].

Como éramos los más jóvenes de la reunión, formamos tertulia aparte[52]. En seguida me tuteó, para preguntarme:

—¿Conque eres la amiguita de doña Julia?

---

46   *Cadete de Infantería*: Alumno de una academia militar de Infantería.
47   *Bibelot*: Del Francés. Figura pequeña de adorno, en este caso, destinado a adornar un tocador, es decir, un mueble en forma de mesa con un espejo, que se utiliza para peinarse y arreglarse.
48   *Peluquín*: Peluca pequeña o que sólo cubre parte de la cabeza.
49   *Perdigueros*: De perro perdiguero. Se refiere a un tipo de perro, apreciado para la caza por lo bien que olfatea y sigue pistas.
50   *Grullos sabihondos*: Hombres fatuos que presumen de sabios.
51   *Tener en un brete*: Tener en un aprieto, poner en un apuro.
52   *Tertulia*: Reunión de personas que se juntan habitualmente para conversar o recrearse. «Formar tertulia aparte», reunirse apartados de los demás.

—¡Ah, no! ¡Yo soy su sobrina! —respondí muy seria.

—¡Sí, sí! —y rompió a reír ruidosamente, de un modo que me avergonzaba.

La vieja no cesaba de importunarle:

—Polín, trae esas *Ilustraciones*. Dame esas pastas, Polín.

Y Polín acudía como un perrito faldero[53], haciendo mil cuquerías[54], que me desconcertaban.

Ahora estaba tan cerca de mí, que juraría me besaba en la nuca.

Yo hubiera querido saber *flirtear* o poseer alguna destreza para demostrarle a aquel gracioso ambiguo que yo era una mujercita y no un juguete de viciosos. Yo hubiera querido recurrir a mi feminidad para quedar encima de él; pero apenas si me dejaba mirarle, pues su risa de muñeco dominador me encogía del todo.

Amablemente le reconvine:

—Mire, Polín, su tita nos está observando...

—¡Mi tita! Esa es tía mía tanto como doña Julia es tía tuya...

—¡Ah! Pero ¿no sois familia?...

Ahora tuve que reírme con él.

La profesora de Francés vino a librarme de Polín, y con ella me puse a engullir galletas y a beber moscatel[55], sin preocuparme de todos aquellos tipos que me era imposible catalogar todavía.

Cuando se fueron todos, ya a solas con mi amiga, me demostré disgustada.

—Mira, muñeca; déjate abrazar, y no te pongas fastidiosa.

Yo me dejaba querer, embebida en mis pensamientos.

Como de costumbre, la francesa me descalzó y me cubrió las piernas con unas medias de seda negra; luego desabrochó el cuello de mi vestido, entreabrió mi camisa y me colocó en la postura desmayada del «querubín de Mozart»[56]. Por fin amenguó la luz, cubriéndola con una tela verdosa.

Me acometió una somnolencia, por la media luz o la música, o tal vez por el vino, a que no estaba acostumbrada, y desde este sopor distinguía, sin interesarme, los movimientos de mi amiga. Iba recogiendo los muebles hacia las paredes y dejando en medio un claro ancho; trajo de la alcoba una manta de vicuñas[57] doradas y la tendió en el suelo, a la manera de un lecho primitivo.

Se vino hacia mí para rogarme que la dejara ver, solamente contemplar, mi cuerpo desnudo sobre la alfombra de pieles. En aquel momento me obsesionaba un capricho, y descaradamente le hice la loca proposición: era nece-

---

53 *Perro faldero*: Perro pequeño, que por su reducido tamaño puede estar en las faldas de las mujeres.

54 *Cuquería*: Picardía, malicia, astucia.

55 *Moscatel*: Vino dulce que se elabora con un tipo de uva conocido como «muscatel».

56 *Querubín de Mozart*: Se refiere al personaje de Querubín en *Las bodas de Fígaro*, de Mozart (1756-1791). En la ópera, Querubín es un criado adolescente que se disfraza de mujer para evitar ser castigado por su donjuanismo. En una de las escenas, para esconderle del conde, la criada Susana cubre con un vestido al mozo recostado en una silla.

57 *Vicuña*: Se refiere a la lana de un mamífero rumiante del tamaño del macho cabrío, con pelo largo y finísimo de color amarillento rojizo, capaz de admitir todo género de tintes. Se caza para aprovechar su vellón, que es muy apreciado.

sario que ella lograra traerme a Polín a su casa, sólo para mí, durante toda una tarde.

Yo renunciaría a los constantes regalos que me hacía, al dinero y a las golosinas con que me obsequiaba; pero necesitaba verme a solas con Polín.

Ella se negó, escandalizada, diciéndome que le pidiera otra cosa, pues Polín era el protegido oficial de la señora vieja de cara de bulldog, y ésta se enfadaría si supiera que al juguete que tan costoso le resultaba, servía para entretener a otra persona que no fuera ella.

—¡Yo necesito ese cadete! –proclamé terca y decidida.

—¡Pero si no es cadete ni lo ha sido nunca! –explicó doña Julia–. Se viste así porque su protectora tiene la obsesión del uniforme, y como sólo vienen de su casa aquí en automóvil cerrado, puede permitirse esa extravagancia.

—Pues aunque no sea cadete, me gusta –insistí–. Es un chico muy fino.

—No lo creas –afirmó la profesora de Francés–. Este muchacho estaba de aprendiz en una carpintería. Lo que pasa es que esta amiga mía se enamoró de él y le ha instalado en su casa para su regalo particular. Le viste estupendamente; le lleva a teatros y paseos, y no le regatea ningún capricho. Y como el pobre no tenía familia, con la protección de su improvisada tía le ha venido Dios a ver[58].

—¡La verdad es que en Madrid suceden unas cosas! –murmuré.

—Me figuro que no irás a sorprenderte –exclamó doña Julia.

—Es que yo creía que estas cosas sólo ocurrían en las novelas –observé.

Doña Julia, queriendo calmarme, me prometió hacer venir una tarde a Polín, para que me solazara con él; y yo, entonces, muy de prisa, me desnudé enteramente, y tal como lo había pedido ella, me revolví en la alfombra, haciéndole ver todas las situaciones de una pintoresca sesión de desperezos.

Me premió con una copa de champaña, que apuré sedienta. Se escapó a su alcoba, y me trajo una gasa[59] amarilla, con la cual me cubrió.

—Baila –me ordenó, mientras ella volvía a hacer música.

En un espejo horizontal podía verme enredada en aquella tela de araña, y sintiendo toda la grotesca fantasía del momento, me disloqué en media docena de ritmos.

Con los movimientos del baile eché abajo la tela que amenguaba la luz, y a la plenitud de ella descubrí la fuga a la alcoba de las dos viejas de la tertulia, que sin duda habían presenciado mi desnudez y mi bailable[60]. La casta Susana[61], sorprendida en el baño, no pondría un gesto más asustado que el mío frente a los rostros ansiosos de aquellas dos señoras respetables, que la vanidad de doña Julia había escondido en su alcoba para que fuera admirada «su muñeca».

---

58 *Le ha venido Dios a ver*: Expresión con que se denota el placer de un beneficio, por lo común inesperado.
59 *Gasa*: Tela de seda o hilo muy clara y fina.
60 *Bailable*: Pieza musical compuesta para bailar.
61 *La casta Susana*: Referencia bíblica a la esposa de Joaquín, en el *Libro de Daniel*. Preparándose un día para el baño protegida por los muros de su jardín, Susana cae víctima de la afrenta de dos ancianos. El tema de la «casta Susana sorprendida en el baño,» ha sido inspiración de innumerables obras pictóricas y de varias películas.

Me revolví contra la sonrisa desaprensiva de mi amiga, exclamando: «¿Qué significa esto?» Pero me guardé mi amor propio, y, silenciosamente, desdeñando la ayuda de la francesa, me vestí y escapé de aquel Infierno, no sin antes recordarle al Demonio la deuda a que se obligaba por el bailable de mi seducción.

Llegué a casa cuando todos estaban en la mesa. Papá me preguntó de dónde venía. No sé lo que le dije; pero se quedó conforme. Mamá, al verme tan encendida, vino a tocarme la frente.

—Esta niña tiene destemplanza.

—Sí, estoy mala; no tengo ganas de comer. Quisiera acostarme.

Concedido el permiso, me retiré a mi cuarto, y me abismé en un sueño profundo, del que había de despertar con la obsesión de aquel Polín, extraño y bello como un pecado desconocido.

V

Aurelia hizo una pausa para cambiar de posición en el diván y encender otro cigarrillo, y en seguida, ante la expectación de los presentes, continuó su relato.

—La noche de aquel día memorable yo no lograba conciliar el sueño. Aturdida por el recuerdo de mi bailable, ya no tenía sentidos y voluntad más que para recriminar mentalmente a las personas que lo habían presenciado. Veíame situada en el centro y asaetada[62] como un inocente San Sebastián[63] por la cínica y mordaz atención de la vieja con cara de bulldog, la sensual curiosidad de las dos señoras venerables, la decadente elegancia del hombre del bisoñé[64] rubio, las fantasías de mi doña Julia y las intenciones perversas de Polín; y para defenderme de aquel asaetamiento cruel, surgió la poquita cosa de fierecilla que dormía en mi instintiva indolencia. En unas horas mi profesora de Francés habíame mostrado todo un medio maravilloso y lanzándome a un palenque[65] donde yo iba a combatir por mis fueros femeniles con el resto de aquel ardiente beso de Polín en mi nuca.

—¡Oh traicionero! –pensaba yo–. ¡Que me has querido herir por la espalda! Todo mi afán estará en demostrarte que la amiguita de doña Julia no consiente esas cosas, y menos por agresor tan ambiguo como tú. ¡Pues estaría bueno! ¡Si te has hecho la ilusión de hacer el amor a una chiquilla inexperta, te va a salir el tiro por la culata[66]!

Con esta idea hice todo lo posible por ver a Polín.

Fuí a casa de mi amiga; le recordé su promesa; le supliqué después, y al fin le dije que no tendría inconveniente en pedírselo de rodillas, si al contemplarme en tan rendida postura su corazón se ablandaba. Pero cuando yo le hablaba de todo esto, mi amiga se cubría de seriedad, y, adoptando un aire importante, me pintaba como un peligro terrible para mí la intimidad con aquel joven equívoco.

---

62 *Asaetado*: Herido con saetas o flechas.
63 *San Sebastián (256-258)*: Mártir cristiano asesinado por el emperador Diocleciano. Su retrato aparece en pinturas de la Edad Media y del Renacimiento, desnudo, usualmente atado a un árbol y atravesado por saetas. Su iconografía ha sido retomada como símbolo del orgullo homosexual.
64 *Bisoñé*: Peluca que cubre solo la parte anterior de la cabeza; peluquín.
65 *Palenque*: Espacio vallado reservado para fiestas públicas. En este contexto, el «palenque» es la casa de doña Julia como escenario de orgías.
66 *Salirle alguien el tiro por la culata*: Darse un resultado contrario del que esperaba o deseaba.

—Tú eres una niña. Tú no sabes nada de nada, y yo no quiero tener remordimientos ni incurrir en responsabilidades.

—¡Si yo estoy enterada, señora! Además, ¿qué tiene de particular que él y yo seamos novios?

Mi amiga se combaba[67] de risa, y yo, harta de sus bromas, decidí adoptar una determinación heroica.

—¡Ea, se acabó! Le voy a demostrar que no necesito para nada de usted. No piense verme más por su casa. Adiós.

La francesa me dedicó un gesto despectivo, como queriéndome decir: «Bueno, vete; yo sé que has de volver.»

Por el camino me fuí revistiendo de voluntad repitiéndome a mí misma:

—Sí, se terminó todo. Me haré la cuenta de que ha sido un sueño, un mal sueño, con un despertar a tiempo.

Volví a frecuentar mis amistades escolares; cesé de sonreír delante de los espejos, y entonces me dió asco todo lo sentido junto a la profesora de Francés. Rehuía verla en el colegio a solas, aunque sentía a ratos un morboso deseo de volver por mis pasadas sensaciones, y así transcurrió una semana.

Pero cuando llegó el domingo –¡oh día salvador, que me permitió estar en casa!–, yo misma recibí de manos del cartero una misiva[68]: la primera que llegaba dirigida a mi nombre.

Me encerré en mi alcoba para abrirla, y... ¡horror! Aquella carta contenía una explosión pasional, una declaración amorosa, donde cada palabra era una llama, y como foco de aquel incendio, un nombre: ¡Polín!

Yo no os puedo precisar los términos de la carta; pero sí os diré qué frase en gruesos trazos ocupaba diagonalmente el revés de un pliego: «Te besa con el alma en la boca, tu Polín».

Venía escrita con una discreción particular para no precisar el sexo del remitente. ¿Qué haría con aquella carta? Romperla me parecía un sacrilegio, y conservarla, un peligro, y, al par que miedo, me infundía una vanidad de bien querido.

¡Ah, el amor! Polín me amaba, y me lo escribía. Polín sería para mí, y yo se lo arrancaría de los dientes a aquel perro de presa que era la vieja.

Pero Polín, en precipitación pasional sin duda, se había olvidado de lo principal: darme una cita u orientarme hacia su paradero.

—¡Oh los hombres! –exclamé para mi capote[69], releyendo la carta–. Nunca concluyen bien las cosas. Se aturden con las bellas palabras y sueñan despiertos locuras sin fin. ¡Qué ardor! ¡Qué fuego encierra el terrible sexo! ¡Cuán complejas y misteriosas sus almas!

La carta de Polín me hacía florecer mil tonterías como esas.

Me faltó tiempo para correr a casa de la francesa con mi carta dichosa.

Doña Julia me vió entrar con un aire de zarina[70] victoriosa. Intentó pa-

---

67 *Combarse de risa*: Partirse de risa, reírse mucho.
68 *Misiva*: Carta.
69 *Exclamar o decir para su capote*: Decir algo como hablando consigo a solas.
70 *Zarina*: Del ruso. Emperatriz.

sarme la mano por encima; pero yo me rebelé con una dignidad de mujer formal. ¡Ya no era yo la de antes!

—¿Qué tal se pasa usted sin mí?

—¡Recordándote como la amiga más ingrata!

—¿A que no sabe usted quién me ha escrito? pregunté, tendiéndole la carta de Polín.

Doña Julia tuvo risa para un rato. Yo me encendí, indignada.

—¿A qué viene esa risa tan estúpida? Esto es una cosa muy seria.

—Ese niño te está tomando el pelo. ¡Sí, sí! ¡Está usted buena!

Mi amiga me devolvió la carta y no me habló más del asunto. Luego me estuvo mostrando las fotografías de una mujer hermosísima, vestida con unas telas lánguidas y en unas *posses* excitantes. Estaban dedicadas y firmadas con un nombre: «Madama de Ibis».

—¡Qué hermosa mujer! ¿Verdad, Aurelia?

—¿Le gusta a usted?

—Me gusta como a ti.

—¡Oh, no! Yo soy una mujer –afirmé, engallándome[71]–. Me gustan los hombres, y cuanto más hombres mejor.

—Por eso se te ha ocurrido enamorarte de Polín, que es una niña vestida de cadete.

Ella se reía; pero yo no. Le demostré que aquello me hacía poca gracia.

—¿Esta señora es una artista?–le pregunté abandonando las fotografías.

—Sí; es una señora de pelo corto. Madama Ibis es nada menos que aquel señor del bisoñé rubio que tanto te emocionó el domingo pasado. Es el único o el mejor de los contraltos masculinos. Ha cantado *Orfeo*[72] en París ante un público muy selecto.

—¡Uf! ¡Qué asco! –y tiré las fotografías.

Pero a mí me dió por reír después de todo aquello. Me tendí en el diván, y echando mis zapatos por alto, me quedé descalza.

Rota mi formalidad, por aquella misteriosa y fuerte llamada de lo extraordinario en mi ánimo, mi amiga se sentó a mi lado y me fue mondando plátanos, que mordíamos a medias; me perfumó de lilas y me llenó las manos de besos, pues en su afán de llegar más allá retrocedía ante la amenaza de mis uñas.

—Eres como una fierecilla: cuando te enfureces tus ojos se empequeñecen.

—Y usted es una mala domadora. Cuando las fierecillas tienen hambre se les da de comer.

—¿Y qué? Ya te doy plátanos y dulces.

—Pero no me da a Polín.

—¡Oh! ¡Esa es una fruta demasiado agria para tu paladar suave! Además, yo aspiro a disfrutar la exclusiva de tus extravíos.

---

71 *Engallarse*: Comportarse con arrogancia, adoptar una actitud retadora.
72 *Orfeo*: Ópera barroca, escrita en 1607 por el compositor Claudio Monteverdi, (1567-1643) y basada en el mito griego de Orfeo y Euridice, según el cual Orfeo, poeta y músico, sigue a Euridice al infierno para rescatarla.

Un timbreo furioso nos vino a sacudir la indolencia. Mi amiga me indicó que pasara a su alcoba, y salió para abrir. Yo, sin acordarme de mis zapatos, me escabullí temblorosa y me parapeté en el amplio lecho.

¿Quién podría ser?

Volvió la francesa con alguien que sollozaba. En seguida reconocí la voz de Polín, y mi corazón dió un brinco que hizo vibrar al *sommier*[73]. Me arrimé a las cortinas para escucharlo todo.

Polín venía envuelto en una capa de paño[74] negra, y su cabeza cubierta por una boina[75] también negra. Se sentó en el mismo sitio donde yo me sentaba y comenzó a lamentarse limpiándose las lágrimas.

—¡Yo no puedo más con aquella vieja! Es sucia, huele mal y le apuntan los ángulos como a las brujas. Además, tiene la cabeza llena de fantasías. Figúrate que le ha dado por la cocaína y aquella casa es un infierno. ¡Yo no vuelvo más por allí!

Pronto se le secó el llanto, y paseándose nervioso por la sala, dándole más aire a la capa que un galán de comedia clásica, siguió desgarrándose el pecho.

—¡No quiero, ea! Prefiero volverme a la carpintería que ir donde ella a sufrirla. Al fin y al cabo, ¿qué tengo yo ganado? Estoy vestido y alhajado[76]; pero no dispongo de libertad para ir donde me dé la gana. Ya me tiene harto.

—¡Bah! –murmuró doña Julia–. Yo sé lo que te ocurre. Los muchachos como tú sienten de cuando en cuando ciertos vacíos que llenar.

—Ya te entiendo. Pues no. ¿Pero es que es bueno vivir enterrado como una favorita de sultán? Me ha puesto por guardia una colección de fetos. Antes de volver allí, me mato. Y como se presente aquí, me tomo un veneno. Aquí traigo las pastillas.

—¿De qué?

—¡De sublimado![77]

—Bueno. Espérate un momento; quiero verte morir.

Doña Julia entró a buscarme y me dijo por señas que me calzara y me fuera por la puertecilla de escape, disimulada con un tapiz; y yo le contesté en igual idioma que mis zapatos estaban fuera.

Polín llamó a doña Julia:

—Oye, ¿tienes ahí a alguien? Lo digo porque estos zapatitos no serán tuyos precisamente.

Y sin más ni más se coló[78] en la alcoba.

Dí un grito, sorprendida, y tirando de la colcha me hice un ovillo[79] bajo ella. Vino Polín y se echó sobre mí luchando para descubrirme. Explotaban

---

73   *Sommier*: Del Francés. Base de una cama o diván.
74   *Paño*: Tela de lana muy tupida y con pelo tanto más corto cuanto más fino es el tejido.
75   *Boina*: Gorra sin visera, redonda y chata, de lana y generalmente de una sola pieza.
76   *Alhajado*: Adornado con joyas.
77   *Pastillas de sublimado*: Pastillas de bicloruro de mercurio o sublimado corrosivo, veneno ingerido tradicionalmente como popular método de suicidio.
78   *Colarse*: Introducirse a escondidas o sin permiso en alguna parte.
79   «*Me hice un ovillo*»: De *hacerse un ovillo*, Encogerse, encoger el cuerpo hasta formar una bola.

sus risas; me sentí agarrada por el pelo, y Polín sacó mi cabeza a la luz con su garra de gatita. Lanzando un grito de júbilo me dió un tremendo beso en la boca, y tanto él como yo no pudimos menos que reír juntos contemplando a doña Julia convertida en la estatua del estupor.

Salió de su asombro para decirme:

—Bueno; puesto que ya te han descubierto, sal de ahí para ponerte los zapatos, muñeca.

El perverso Polín gozaba viéndome llena de rubores. Venía sin pintar, y sin los polvos y la barra de carmín su rostro cobraba una expresión más varonil y tranquilizadora.

—No te apures, tonta –dijó la profesora de Francés–; éste es un beso de hermanas.

—¡Oh! –protestó Polín–. ¡Tú no sabes que yo soy todo un hombre!

—Pues, señor –pensaba yo–. ¡Ea! Ya ha llegado mi cuarto de hora[80]. Pronto voy a salir de dudas.

Me entró una furia de gozadora; me abracé a Polín, le precipité en el diván y le devoré a besos, mordiéndole, apretándole con todas las fuerzas en que se multiplicaba mi deseo, y no le dejé hasta verle rendido, azorado y gozoso bajo mi cuerpo.

Doña Julia sonreía como un diablo complacido. La vi cómo extraía de la confitera un chocolatín, cómo su deseo depravado me lo ajustaba en los dientes para que yo se lo ofreciera a Polín, cosa que hice; y así se repitió este juego varias veces, hasta que una timbrada, más furiosa que la primera, vino a deshacer el grupo que formaban la niña, el niño y la faunesa.

¡Qué tres mentiras tan deliciosas!...

---

80 *Llegarle a uno el cuarto de hora*: Llegarle a uno la oportunidad para hacer algo.

VI

Nuevamente suspendió Aurelia la narración que escuchábamos todos anhelantes, y prosiguió con voz nostálgica y velada:

—Interrumpida aquella audacia, de la que yo misma me sorprendía, permanecí indecisa unos instantes. ¿Qué hacer? ¿Qué pasaría? Me acordé de los graves varones de mi familia, de algunas compañeras de clase que me envidiaban el favor de doña Julia, y tuve miedo. Yo no hice más que seguir a Polín, que me arrastraba de la mano, y nos vimos otra vez en la alcoba. Él, muy diligente, corrió las cortinas, cerró las puertas e hizo girar la bujía eléctrica[81] para que nadie pudiera hacer luz a su capricho, y yo me sentí en la blandura del lecho apretujada contra mi cómplice.

—¿Quién presumes tú que será? –le pregunté suspirando.

—Yo lo sé; pero no hagas ruido. ¡Pobre doña Julia! –y sentí su risa contenida, como si el peligro que corríamos le complaciera en el fondo.

Hubo una pausa de silenciosa atención.

—Mira, lo mejor es que me dejes salir por la puerta de escape –propuse tímidamente.

—¿Sí? ¿Me dejarías solo, abandonado a la venganza de esa vieja indecente?–exclamó Polín abrumado.

—¡Oh, no! ¡De ninguna manera! ¡Preferiría morir!...

El balcón dejaba pasar hasta el lecho una semiclaridad de luna, a cuyo misterioso reflejo los ojos de Polín adquirían un fulgor frío y dominador.

—Oye, bonita, prenda mía. ¡Vamos a matarnos!

—¡Quita! ¡Quita!... ¿Qué diría papá? Yo no le doy ese disgusto a mi familia.

—¡Ah, pues la vida es así aburridísima! –comentó Polín muy desencantado.

Medió otra pausa de decisión heroica.

—Si te digo que tienes razón... ¡Ea! Dispongámonos a morir. Vamos a hacer historia.

Pero ya nuestros alientos se confundieron; Polín se iba apoderando de mis labios, y poco a poco nos inflamamos de un fuego de amor. Sentía a Polín des-

---

81 *Bujía eléctrica*: Luz o lámpara eléctrica.

prendiéndose de sus ropas para no ahogarse, y yo a mi vez me desnudé a medias, porque el calor me atormentaba. Más que la pasión era el miedo lo que me excitaba. Esperaba de un momento a otro ver violentada la puerta, y a la vieja celosa deshaciendo nuestro abrazo furiosamente, y la perspectiva de una muerte a mano airada me hizo menos fatal la idea de morir en seguidita y más a gusto. Por primera vez en mi vida me sentía oprimida por unos brazos masculinos. Eran tan menudos que apenas si mis manos los definían, y tan suaves que se escapaban al tacto. Esperaba yo de Polín un empuje que venciera mis temores; por el contrario, se me tendió en el lecho como adormecido, dejándose acariciar con perversa indolencia. Tan sólo se me demostraba vivo en sus respiraciones entrecortadas. Pero si antes en el diván su entusiasmo se alzaba enérgico, ahora por el exceso de miedo no se atrevía a levantar cabeza, y ni la caricia de una mano amiga ni el halago de suave nido en perspectiva le envalentonaba. Polín se me deshacía materialmente entre mis brazos, y yo... me esforzaba estérilmente sobre él, apretando todos los resortes, llamando en vano a la suerte, sin que las puertas de mi palacio pudieran dar entrada a algo tan flácido y cabizbajo como lo que él podía brindarme. ¡Oh fortuna, que se me torcía en el instante oportuno!

Polín se irguió con un desmadejamiento perfectamente femenino y atrayéndome hasta pegar su ardiente boca a mi oreja, dijo:

—Tú no has hecho nunca estas cosas, ¿verdad nena?

Muy avergonzada confesé que no.

—¡Pues yo tampoco! —declaró él con los ojos bañados en lágrimas.

—Entonces, ¿qué haces con esa horrible vieja que te sostiene?

—Es una indecente. Me tiende en el diván totalmente desnudo. Me besa como una loca en todas partes... Se detiene donde le parece conveniente, y así... hasta el final...

—¡Eso tiene que ser horrible! —decreté.

—No lo sabes tú bien —murmuró Polín—. Por algo me he escapado de su casa. Me viste con camisas de mujer: quiere atrofiar mi sexo. Es un suplicio como no tienes idea. Porque aquello... trae esto...

Yo, piadosa, traté de consolar a Polín.

—No te apures, nene. Mañana volveremos a repetir en otro sitio donde tus nervios no sufran la amenaza de esa puerta cerrada.

—Sí; yo creo que es el miedo.

Y este temor que a mí me contagió Polín me aconsejó que me vistiera y me marchara por la puerta de escape antes de que, dándose cuenta la vieja, nos pudiese sorprender. Al día siguiente, Polín me esperaría en cierto sitio donde bajo un palio[82] más amable proseguiríamos nuestro rito carnal. Para las felices consecuencias de nuestra unión era necesario ser prudentes.

Cobardemente —sí, no me pesa decir la verdad— me escabullí por la puerta secreta con un deseo grande de sentirme lejos de aquel nido, donde quedaba

---

82 *Palio*: Especie de dosel o techo colocado sobre cuatro o más varas largas, bajo el cual se lleva procesionalmente al Santísimo Sacramento, o una imagen. Obsérvese, en este caso, el uso anticlerical y profanatorio que le da al palio el narrador de *El tonto*: el palio, en este caso, no cubre una escena piadosa, sino el acto sexual.

mi prestigio femenino tan mal parado; de aquel lecho donde mi flor, por vez primera y al contacto de un cuerpo masculino, se marchitó en pleno enervamiento.

No caí en la cuenta de lo avanzada de la noche hasta verme en la calle. Miré en el reloj de un café la hora: ¡las doce y media! Ocupé el primer coche que se atravesó en mi carrera, y mientras me conducía a casa fuí preparando la mentira para justificar mi primera trasnochada.

En la antesala de casa me encontré una grave reunión familiar insospechable. Mi desaliñada persona cayó en medio del corro que formaban los míos, y en los rostros de todos descubrí el más duro comentario para mi presencia extraña. Debía estar encendida, despeinada y llena de agitación frente a la enseriada pulcritud de mis padres, mi padrino, mis hermanas y mis cuñados.

Papá fue el primero en preguntarme:

—¿De dónde vienes, hija mía?

Tuve intención de confesar la verdad; de decir:

—Vengo de intentar hacer lo que hacen las muchachas libertinas.

Pero me costó menos trabajo mentir:

—Pues que las Rosalejo me invitaron a pasear en su auto y luego se empeñaron en que cenara con ellas, porque hemos vuelto muy tarde. Quisimos telefonear pidiéndoos permiso. Pero no ha habido manera. ¡Esas telefonistas! Las Rosalejo me han traído en su coche y querían subir para decírtelo; pero no me ha parecido necesario. Ya sabes que nunca miento.

Unos a otros se miraron con el desconcierto de mi ingenua respuesta. Medió un silencio lleno de amenazas imperiosas, y papá me mandó a dormir.

Mientras me desnudaba pensaba en el peligro que presentía cernirse sobre mí; pero el cansancio pudo más y me dormí profundamente, olvidando sin gran esfuerzo la felicidad, el peligro, la desvergüenza y el miedo de aquellas horas transcurridas en casa de doña Julia.

Desperté con el sol en mi ventana y las jelguerías de los canarios[83] en mis oídos. Abrí los ojos muy alegre; mas el primer pensamiento retrospectivo me trajo un molesto avance de rubor. Me empequeñecía, recogiéndome moralmente ante la recomposición de mi vergonzosa huida del lado de Polín, fracasado como amante iniciador. ¡El, que había sido flor de pecado en mis noches solitarias! ¡Que había hecho después explotar la granada de mis besos sobre su boca! ¡El, que más tarde era estúpidamente abandonado por mí a la sucia lascivia de aquel bulldog con faldas y dientes postizos! ¡Oh, Polín, no te merecía!... ¡En fin, qué se le iba a hacer! Polín mismo lo había comprendido: nuestra excitación moral no nos había permitido más de lo que hicimos.

Con esta idea conformativa, eché mano al desayuno, y con el último bocado hizo papá su entrada en mi cuarto. De pie, en el centro de la habi-

---

83   *Las jelguerías de los canarios*: Los cantos de los canarios.

tación me dirigió una reprimenda[84] en un largo discurso. Hablaba bajo para no ser escuchado más que por mí, y no se sofocaba mucho para prodigarme las más terribles frases de condenación.

¡Qué engañado vivía sobre su hija! Le habían ido con historias veracísimas por mi desgracia. Me habían visto personas de una reputación intachable paseándome en coche con personas de dudosa moralidad, y tenía una idea, de cuyo alcance se asustaba, de en lo que yo invertía mis horas de esparcimientos. Luego me mostró la carta de Polín, que me había sustraído del bolsillo, y me habló del deplorable papelito que yo representaba junto a toda esa gentuza que rodeaba a mi profesora de Francés; de nuestro apellido intachable, puesto en entredicho por la murmuración, y del cambio de colegio después de denunciar solemnemente a la directora las aficiones de doña Julia.

Para acabar: después de la enumeración prolífica de mis pecados me dictó la penitencia:

—No saldrás de casa, suspenderás tus estudios por unos meses y te marcharás con tu abuela, al campo hoy mismo; y cuando vuelvas, ¡pobre de ti como repitas tus repugnantes hazañas!

—¡Qué horror, Señor! ¡Qué desgracia aguantar sobre el lecho en *deshabillé*[85], con mis manos cruzadas sobre el pecho, con mis ojos aún entornados por la trasnochada sensual, la rociada de moral de mi más alto juez en la tierra! Y yo no podía llorar por un arrepentimiento que no sentía, porque para mí todo lo pasado cabía muy naturalmente en el campo de mi inocencia. ¡Cómo me desconocían todos! Pero ¿de verdad sería yo tan mala, tan depravada, tan...? ¡Oh! ¡No! ¡No! ¡Si yo era una ingenua y tan sólo había intentado empinarme[86] para coger la fruta deliciosa sin apenas morderla! ¿Y por tan poca cosa me iban a complicar la vida simplificándomela?...

No me quedaba más que obedecer. Pero antes era necesario que yo descargara mi conciencia, dando cuenta a mis cómplices del acto brutal que me imponían los deberes y las obligaciones, y sin perder momento me puse a escribir:

> «Mi adorado Polín: Tu carta me ha dado un disgusto grandísimo, pues papá la leyó y me ha condenado, después de llamarme un sin fin de horribles cosas. La aventura de anoche ha tenido la culpa. Figúrate que me separan de todos como una apestada, y me llevan al campo, para inmolarme seguramente a Nuestra Madrastra la Moral, como a nuevo Isaac[87].
> No te burles y piensa en mí como si lo de anoche se hubiera realizado. Ten en cuenta que yo hice cuanto pude; pero la fatalidad te venció, como me vence ahora para obligarme a determinaciones pavorosas. No me refiero a lo más malo, que es morir, sino a vivir sin

---

84 *Reprimenda*: Represión fuerte, regañina.
85 *En deshabillé*: Del Francés. Sin ropa o cubierto tan sólo con una prenda ligera.
86 *Empinarse*: Ponerse uno sobre las puntas de los pies y erguirse, estirarse.
87 *Isaac*: Personaje bíblico. Abraham intenta ofrecer a Isaac, su hijo, como a sacrificio a Dios, de la misma forma en que el padre de la protagonista de *El tonto* quiere inmolar a su hija en aras de «nuestra madrastra la Moral». Nótese nuevamente el tono irreverente de esta comparación.

verte en la soledad de los campos. Yo no dejaré de escribirte a casa de doña Julia, y tú me contestarás procurando amoldar tu sintaxis a mi crítica situación. Adiós; ya no me atrevo ni a ofrecerte un beso.
—Aurelia»

En cuanto a la francesa, causante de mi desgracia, le dediqué estas líneas:

«Amiga doña Julia: Ha de saber que sin esperarlo explotó en el pulcro recinto de mi cuarto la indignación de papá, salpicándome con los adjetivos más deplorables. Yo quisiera que usted convenciera a papá de que con nuestra amistad y mi asistencia a las reuniones de su casa yo no he sufrido desperfectos, pues me amenaza con consultar a un médico. Polín le contará lo que ha pasado entre los dos. Yo creo que todo es obra de la fatalidad, y digo que puesto que todos estáis de acuerdo, incluso papá, en señalar mi destino, yo no debo rebelarme, sino acatar la voluntad superior. Como es muy triste parecerlo y no serlo, tendré que decidirme, para no dejar mal a la conciencia de mis calamidades, que ya me han catalogado en el libro verde. Entregue la carta que adjunto a Polín, y no dejen de pensar en la suerte de esta desdichada, que no sabe en qué punto de la tierra verá morir el sol de este día histórico. Adiós.
—Aurelia»

Cerré mis cartas, las aseguré en mis bolsillos y me hice una *toilette* simple de pecadora arrepentida.

Ya no comí más en familia, pues a las once el tren me arrastró de Madrid, la ciudad maldita de donde yo salía pura y sin mancha —por la murmuración de cuatro señores que se empalagan de chismes y que pretenden darle a la vida un sentido de cosa muy formal—, y a la que hube de volver algún tiempo después no tan limpia y tan pura como escapé de las finas, sabias e inofensivas manos de Polín y la francesa de mis iniciaciones.

Y así acabó el primer capítulo de mi vida de perversión, a la que no concedo el valor de una decisiva orientación en mi temperamento, pues mi destino estaba ya marcado en el principio de mi conformación psicológica, y fueron absurdas todas las trabas[88] y los prejuicios que me impusieron la opinión ajena y mi propia estimación.

Después de aquella aventurilla de adolescente, envenenada de amoralidad, pero donde hice el tonto tan lamentablemente, el ridículo no ha descompuesto jamás el sereno ritmo de mi sonrisa; y si alguna vez cayese con las alas rotas en el cieno[89] de la ignorancia, la intolerancia y la grosería, me haré cenizas en el fuego de mi amor propio, para resurgir limpia y libre con esa gracia particular de las ingenuas pervertidas.[90]

---

88 *Trabas*: Cosa que impide o estorba la fácil ejecución de otra.
89 *Cieno*: Barro, lodo.
90 Esta escena que hace referencia a «caer con las alas rotas», a «hacerse cenizas en el fuego,» y a «resurgir limpia y libre» de los rescoldos, es una referencia burlesca al Ave Fénix de la mitología clásica, ave fabulosa que los antiguos creyeron que era única y renacía de sus cenizas.

Y aquí da fin la historia de mi *début* en el pecado. Esta es la auténtica verdad de mi primera hora de amor, que como todos reconoceréis parece un capítulo arrancado de una novela de Alvarito[91]–concluyó Aurelia, envolviéndome en sus miradas como en un velo encantado.

—Capítulo que yo escribiría –prometí dirigiéndome a Aurelia– si tú me autorizaras.

—¿Por qué no? –dijo ella, que, como toda cortesana, está siempre propicia a cautivar la atención pública, aunque sea a costa de la propia reputación.

—¡Pues entonces no hay más que hablar! –exclamé– La primera producción que yo envíe a La Novela de Hoy será la historia de tu primer amor, para que advierta el público cómo hiciste a la maravilla el tonto!

¡Y observad que he cumplido mi palabra!...

---

91   *Alvarito*: Se refiere, a modo de burla metafictiva, al propio Álvaro Retana, conocido, en efecto, por el amplio círculo de sus amistades, como «Alvarito».

Thank you for acquiring

Las «locas» de postín
Los ambiguos
Lolita buscadora de emociones
El tonto

from the
Stockcero collection of Spanish and Latin American significant books of the past and present.

This book is one of a large and ever-expanding list of titles Stockcero regards as classics of Spanish and Latin American literature, history, economics, and cultural studies. A series of important books are being brought back into print with modern readers and students in mind, and thus including updated footnotes, prefaces, and bibliographies.

We invite you to look for more complete information on our website, **www.stockcero.com**, where you can view a list of titles currently available, as well as those in preparation. On this website, you may register to receive desk copies, view additional information about the books, and suggest titles you would like to see brought back into print. We are most eager to receive these suggestions, and if possible, to discuss them with you. Any comments you wish to make about Stockcero books would be most helpful.

The Stockcero website will also provide access to an increasing number of links to critical articles, libraries, databanks, bibliographies and other materials relating to the texts we are publishing.

By registering on our website, you will allow us to inform you of services and connections that will enhance your reading and teaching of an expanding list of important books.

You may additionally help us improve the way we serve your needs by registering your purchase at:
http://www.stockcero.com/bookregister.htm

www.ingramcontent.com/pod-product-compliance
Lightning Source LLC
Chambersburg PA
CBHW031254230426
43670CB00005B/176